蓮池大師

眾生

高僧小說系列｜精選

陳啟淦　著◆劉建志　繪

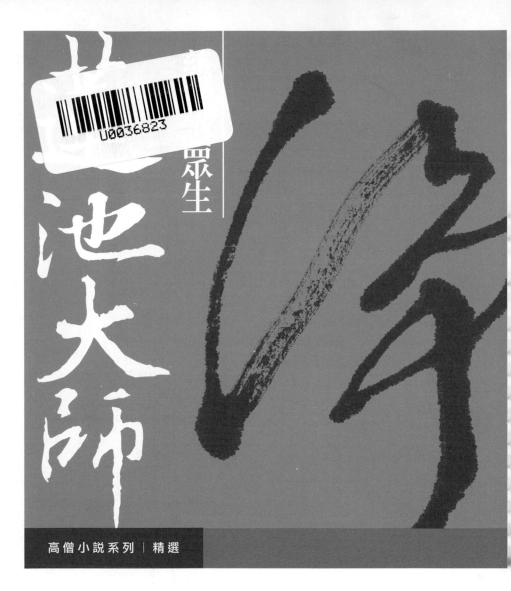

智慧與慈悲的分享

聖嚴法師

小說，是通過文學的筆觸，以說故事的方式，表現人性之美，所以稱為文藝作品。它可以是寫實的，也可以是虛構的，但它必定是與人心相應，才會獲得讀者的喜愛與共鳴。

高僧的傳記，是眞有其人、實有其事的眞實故事，也是通過文字的技巧，以敍述介紹的方式，將高僧的行誼，呈現在讀者的眼前，也是屬於文學類的作品，只是缺少小說那樣戲劇性的氣氛。

高僧的傳記，以現代人白話文體，加上小說的表現手法，那就顯得特別生動而富於趣味化了。我從小喜歡文學作品的原因，是佩服它有高度的說服力，並且能使讀者印象深刻，歷久不忘，並且認為高深的佛法，經過文學的表現，就能普及民間，深入民心，達成化世導俗的效果。我們發現諸多佛經的體裁，是用小品散文、長短篇小說，以及長短篇的詩偈寫成的。

近代已有人用白話文翻譯佛經，也有人以語體文重寫高僧傳記，但尚未有人以小說及童話的方式來重寫高僧傳記。故在《大藏經》中雖藏有極豐富的歷代高僧傳記資料，市面上卻很難見到。我們的法鼓文化事業股份有限公司，爲了使得故典的原文很容易地被現代的讀者接受，尤其容易讓青少年們喜愛，而從高僧傳記之中，分享到他們的智慧及慈悲，所以經過兩年多的策畫運作，推出一套「高僧小說系列」的叢書，選出四十位高僧的傳記，邀請到當代老、中、青三代的兒童文學作家群，根據史傳資料，用他們的生花妙筆、豐富的感情、敏銳的想像，加上電影蒙太奇的剪接技巧，以現代小說的形式，生動活潑地呈現到讀者的面前。這使得歷史上的高僧群，都回到我們現代人的生活中來，陪伴著我們，給我們智慧，給我們安慰，給我們健康，給我們平安。

這套叢書的主要對象是青少年，但它是屬於一切人的，是超越於年齡層次的佛教讀物。

我要在此感謝參與這套叢書編寫出版的全體工作人員，包括編者、作者、畫家、審核者、校對者、發行者，由於他們的努力，才能有這項成果奉獻在廣大的讀者之前。也請諸方先進和所有的讀者，多給我們鼓勵和指教。

一九九五年四月八日晨
序於台北法鼓山農禪寺

推薦序

人生要通往哪裡？

蔡志忠

「只有死掉的魚，才隨波逐流！」

人生是件簡單的事，是我們自己把它弄得很複雜的。

魚從來都不思考：

「水是什麼？

水爲何要流？

水爲何不流？」

這些無謂的問題。

魚只有一個最簡單的問題：

「我要不要游？
如何游？
游到哪裡？
游到那裡做什麼？」
人常自陷於無明的憂鬱深淵，無法跳脫出來。
人也常走進一條沒有出口的道路，
才發現原來這根本不是自己的人生之道。
兩千五百年前，佛陀原本也自陷於
人生的痛苦深淵……，經過六年的
修行思考，佛陀終於覺悟出：
「什麼是苦？
苦形成的次第過程？
如何消滅苦？
通往無苦的解脫自在之道。」

這也就是苦生、苦滅，一切因緣生的「三法印」、「緣起法」、「四聖諦」、「八正道」，所有攸關於人產生煩惱痛苦的原因和達到解脫、自在、清淨境界、彼岸之道的修行方法。

佛陀在世時，傳法四十五年，佛滅度後，佛陀的思想由他的弟子們傳承到後世，成爲今天的佛教。在佛教的發展過程中，留下了許多動人的高僧故事。

除了《景德傳燈錄》記載著所有禪宗各支歷代高僧學佛得道的故事之外，《大藏經》五十卷的〈高僧傳〉、〈續高僧傳〉裡也記載很多歷代大師傳記典故；此外，還有印度、西藏、日本等地大師的故事。通過閱讀過去大德諸賢的故事，可以讓我們對人生的迷惘問題得到啓發。

胡適說：

「宗教要傳播得遠，

佛理要說得明白清楚，

都不能不靠白話來推廣。」

這套高僧小說也繼承這使命，以小說的方式講述高僧的故事。讓讀者能透過這些歷代高僧的故事，得以啓發人生大道。相信做爲一個中華民族的後代，身在儒、釋、道思想的傳統文化背景下，如能透過高僧小說多了解佛教思想，對自己未來人生之路的導引和思考，必定能獲得很大的益助。

博通三藏教典的大修行者

寫這本書是我第一次難忘的經驗。雖然我是一個自小皈依三寶的佛教徒，也曾出過幾本書，但是寫高僧小說還是頭一遭。高僧小說之不易寫，是因爲出家人的生活力求平淡，大都缺乏轟轟烈烈的事蹟和曲折的情節，很難達到高潮迭起、扣人心弦的效果；換句話說，就是缺乏戲劇張力。

爲了蒐集資料，我花半年以上的時間浸淫在《雲棲法彙》裡，每天和古書古文打交道，這本書是蓮池大師畢生著作的全集，大約數百萬字。爲了明瞭明朝的典章制度，以及浙江的風土民情，數度進出圖書館，希望筆下的小說世界不致有所繆誤。

大師出生於明朝中葉的江南，生長在書香門第，自幼聰敏好學，文采豐美，直可媲美唐宋八大家。他的家境富裕，家庭十分美滿，誰知天有不測風雲，短短幾年內幾位至親至愛相繼死亡，包括他的父親、母親、兒子、妻子，歷經這些劫難，使他悟出人生無常，於是拋棄家舍田園，遁入佛門。

出家後勵行苦修，生活簡單嚴謹。他參考舊有之典章制度，重新制定失傳的佛教儀規。模仿唐朝懷海禪師的《百丈清規》，訂立嚴格的戒約，建立良好的僧團制度。他一生著作極多，有闡揚佛經的，有開示警眾，有日常隨筆，還有信札、詩歌等，後人輯之，總名爲《雲棲法彙》。大師一向主張釋道儒三教合一，致力三教思想調和，各取所長，互補其短。後代學者將他和憨山、蕅益、紫柏合稱「明末四大師」，淨土宗尊他爲第八代祖師。

大師影響當代及後世甚深，清聖祖康熙親自上雲棲寺，瞻仰大師遺物；世宗雍正追贈他爲「淨妙眞修禪師」；高宗乾隆皇帝在位期間，六次下江南，曾經八度上雲棲寺，追思大師之德。大師寫的〈戒殺文〉和〈放生文〉，文辭優美，寓意深遠，早爲世人公認爲不朽之文章，流傳至今，益見光芒，對改革當今社會暴戾風氣，教化人心，有莫大助益。

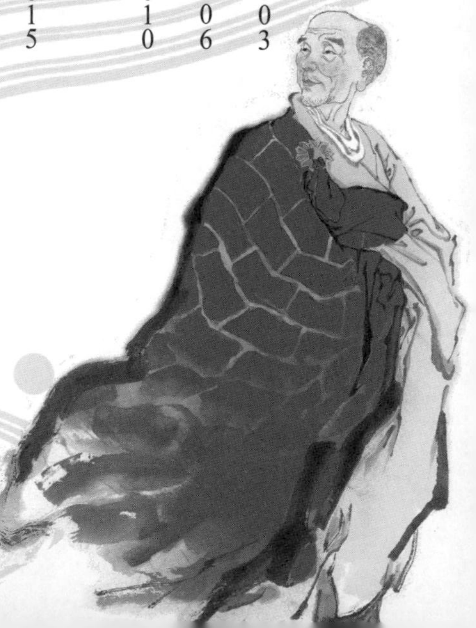

佛學視窗

01

兔子快跑

蟬聲爭鳴，野鳥高唱，五個高矮不齊的小孩子，有說有笑地走過濃蔭密布的樹林。

他們的頭髮濕漉漉的，衣角還滴著水珠。午餐過後，一起結伴到山腳下的山泉裡泡水，在這炎炎夏日，沒有比戲水更吸引人的事了。清涼無比的山泉水，趕走了烈日酷暑，可是正當他們玩得很起勁的時候，年紀最大的阿三就令大家上岸穿衣，準備回家。

這五個孩子都姓沈，都住在同一個院子裡，同一個祖父母，可是他們並非親兄弟，而是分屬兩個家庭的堂兄弟。

「阿三哥，今天泡水泡得不過癮，爲什麼這麼早就要回家？」年紀最小的小豆子問，他的嘴巴翹得很高，離開水池顯得萬分無奈。

阿三今年十七歲了，高高瘦瘦，唇上長著一些嫩鬚。他抬起頭來，望著天空說：「你瞧！頭頂上兩片烏雲，很快會下雨了。」

阿三的弟弟阿和，兩眼搜索樹幹上蟬的蹤影，他說：

「這些蟬眞是的，從大清早叫到晚上，也不肯歇一歇，牠們難道不怕喊破

喉嚨？」

「嘿！我前天用竹竿沾了樹膠，黏了二十幾隻蟬，裝在籠子裡，全都變成啞巴，都不會再叫了。那天晚上，死了好幾隻，到了第二天全死光了。」阿三邊走邊說，一副得意洋洋的模樣。

「眞殘忍！」大頭說。

「什麼殘忍？牠們遲早都會死的，早死早超生。」阿三毫不在乎地說。

小豆子突然插嘴說：「那麼，你爲什麼不早一點去超生？」

阿三頓時臉色一變，掄起拳頭打在小豆子身上，罵道：「你——幹嘛咒我早死？」

「是你自己說的呀！」小豆子一臉無辜。

大頭趕緊過來護著弟弟說：「對不起，算他失言好了，童言無忌嘛！」

阿三放下拳頭。

忽然，一隻棕色的野兔從眼前的草地奔馳而過，大家眼睛一亮。

「看我的。」阿三說。

他從口袋裡掏出了一把彈弓，在地上撿拾幾粒大小適中的小石頭，兩眼炯炯有神地搜尋目標。他是村子裡有名的神射手，凡是天上飛的、地上爬的，只要在射程之內幾乎彈無虛發。

「哥哥，前面有動靜。」阿和指著前方的草叢。

阿三慢慢走過去，果然發現一隻小兔子躲在一堆枯葉旁，棕色的毛髮和枯葉的顏色十分類似，不注意看的話很容易被瞞騙過去。

阿三躡手躡腳地走過去。

「阿三哥，饒了牠吧！」大頭爲兔子求情。

阿三回過頭來，狠狠瞪他一眼，壓低嗓子說：「哼！你這個沒有用的東西！自己打不到，就不希望別人能打到。」

大地靜悄悄，大家屏住呼吸，阿三輕輕走過去，手上彈弓已上膛。忽然，大頭大喊一聲：「兔子，快逃！」

兔子一驚跳起來，阿三的彈弓立刻發射，一粒小石頭精準地打在兔子的後腿上，兔子跌在草叢裡掙扎，阿三迅速跑過去擄獲他的獵物。

其他小孩子也立刻跑過去觀看。

「哇！好可愛的兔子喲！」

「哥哥，我們帶回家養，好不好？」

阿三拎著兔子的耳朵高舉著：「幹嘛浪費飼料養牠？我回家後就宰了牠，晚上叫娘炒一盤我最愛吃的紅燒兔子肉。」

他打量兔子瘦巴巴的身體，說：「可惜這隻太小了，沒幾兩肉，只夠塞牙縫而已。」

大頭抓起那隻受傷的兔子，抱在懷中輕輕撫摸著。兔子的眼神中充滿害怕、驚悸，身體還不停顫抖，大概牠的心裡有數，落在這些頑童手中必是凶多吉少。

「阿三哥，這隻兔子送我，好嗎？」大頭投以哀求的眼神。

「可以，你去抓一隻比較大的來和我交換，這隻就送給你。」阿三回答。

大頭想了一下，說：「我拿我的紙鳶和你交換，好不好？」

阿三不屑地說：「一個紙鳶換我一盤紅燒兔子肉，誰希罕？」

大頭想了又想，說：「這樣吧！我全身只有身上這個金鍊子比較值錢，就拿它來換吧！」

阿三大感意外，心中竊喜，他知道金鍊子價值不菲。

「好，男子漢大丈夫，一言既出，駟馬難追。」

大頭脫下掛在脖子上的金項鍊，這條鍊子是他從小就戴在身上的東西。

兩個弟弟都勸他別做傻事，他卻毫不猶豫。

「哥哥你眞傻，這隻兔子值不了那麼多的錢。」

「哥哥，你回家後鐵定會挨爹娘罵。」

大頭說：「挨罵挨打我都認了，沒關係。」

他把兔子摟在懷中，輕輕說著：「兔子乖乖，跑得快快，快快回家，快快走開；兔子乖乖，跑得快快，快快回家，不要再來。」

說完，便把兔子放在草地上，讓牠跑開了。

「你爲什麼放牠走？我以爲你喜歡飼養小動物呢！」阿三難以置信。

「這隻兔子還很小，家裡頭一定還有爹娘在等著牠回家，我不希望牠的爹

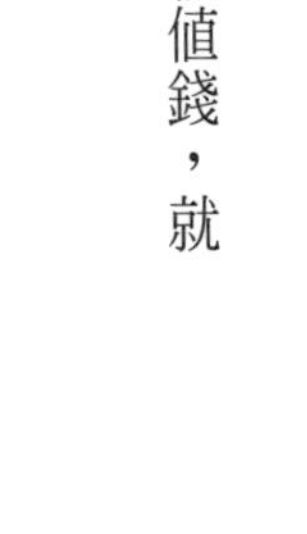

娘傷心。就像我們五個人，如果誰出了意外，他的爹娘一定會傷心透頂，是不是？」大頭說。

大家都低頭不語。

忽然，天空下起雨來。

「快跑！」

不知道是誰喊了一聲，大家拔足狂奔，雨勢很快轉劇變大。前方有一棟古老的建築物，大家不約而同地跑到屋簷下避雨。

古老陰暗的房子，寫著「昭忠祠」三個字，裡頭奉祀五代吳越王錢鏐的牌位。

吳越王錢鏐在當地是一個耳熟能詳的人物，他是浙江杭州臨安人，少年販鹽爲生，生處在五代十國那個亂世裡，最初受封爲吳王，後來自立爲吳越國王，在位四十一年而傳王位給兒子，杭州附近到處都有他留下來的古蹟，例如「吳王磨劍池」、「吳王練兵台」……等，他是杭州人引以爲榮的歷史人物。

「希望我們五個人當中，有人像吳王那樣豐功偉績。」阿三望著黝暗的祠

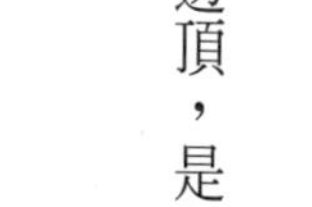

堂內說。

「學吳王幹嘛？」小豆子問。

「可以光宗耀祖呀！」阿三回答。

大頭說：「我不希望當吳王，倒希望當李白、蘇東坡，文章詩詞傳千古。」

「傻瓜！這兩個人都是官場不得意的人呀！」阿三說。

「可是，人各有志嘛！」大頭說。

「大頭，我覺得你長大後不適合當大官，也不適合當商人，你知道你最適合當什麼嗎？」阿和說。

大家看了看，心裡頭猜測著阿和的答案。

「和尚！」阿和笑著說：「你這麼愛護動物，只要頭髮一剃光，就十足像小沙彌了。」

大頭想了又想，羞紅了臉說：「才不呢！剃光頭多難看呀！」

大家都笑彎了腰。

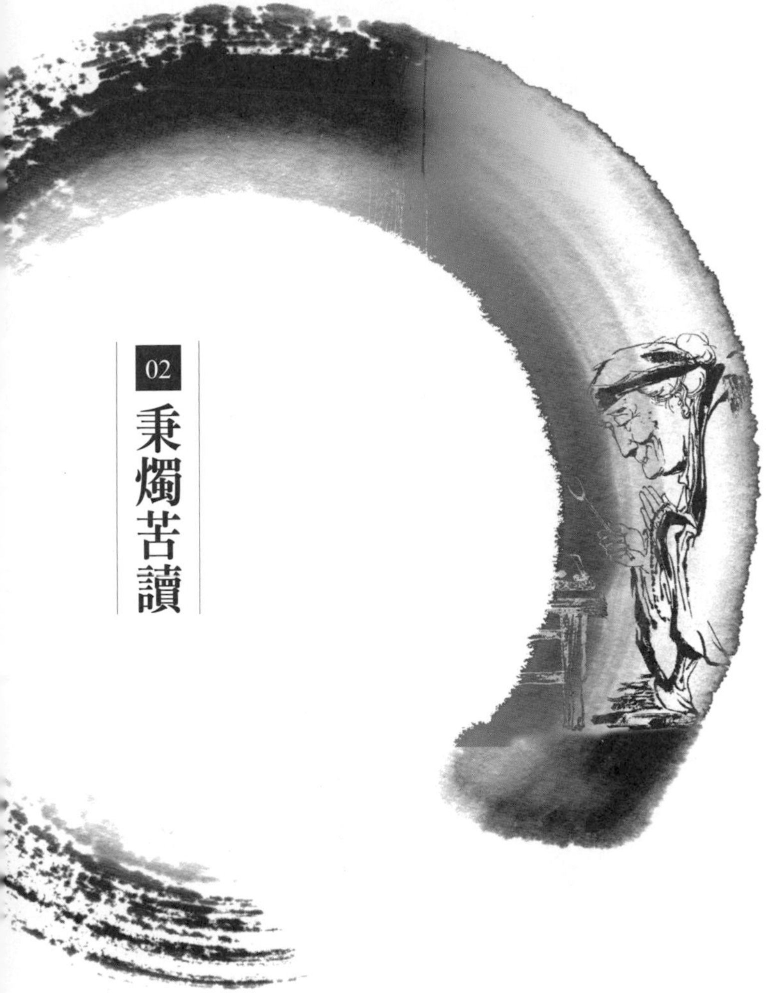

02 秉燭苦讀

數年之後，那個小名叫大頭的孩子，轉眼之間已成長爲翩翩少年郎。他姓沈，單名濂，字佛慧，兩個弟弟名爲沈淞和沈瀾。他們世居浙江仁和縣，位在杭州附近。

十五、六歲的年紀，正是青春好時光，哪個不貪玩？可是這位沈家大少爺卻無暇嬉戲，鎭日坐擁書堆中，四書五經天天不離手。他的最大目標是明年的科舉考試，在那個年代——明朝中葉——科舉考試是平民子弟仕宦的最佳途徑。

他的堂哥阿三，單名准，字三洲，如今不負眾望已高中舉人，現在每天埋首書中，準備迎接下一次更艱難的考試——進士。

靜謐的夜晚，蠟燭熊熊燃燒著，他在燭前苦讀。

窗口傳來蟲鳴蛙噪，還隱隱約約有木魚聲和念佛聲，那聲音聽起來竟然那麼祥和，有如天籟一般。

突然，有一個人闖進他的房間，原來是一個鄰家少年。

「喂！沈佛慧，今晚夜色很美，大夥兒要去夜遊，你去不去？」

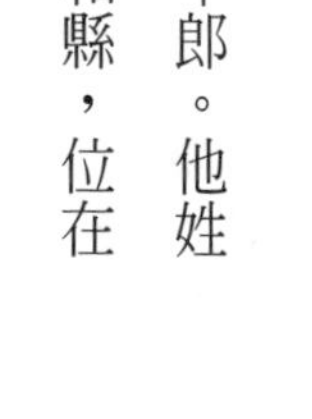

他搖搖頭說：「不！我的書還沒有背好。」

「唉！書呆子。」

鄰家少年走了，他的情緒被擾亂了。看著蠟燭一寸一寸減低，他想：何不上街去買蠟燭，順便也散散心。

走出房間，他發現今晚的月色特別美，月華遍灑大地，充滿靈秀之美。

木魚聲斷斷續續，他的心裡充滿好奇，於是循聲尋找。這個聲音已經持續一個月，白天晚上都常聽到，往日並不特別注意，今晚聽起來格外覺得心靈舒坦。

終於在一條巷子裡，看到賣菜的劉阿婆正跪在佛像前念經，神情十分虔誠。

劉阿婆休息的時候，他趨前問道：「阿婆，您最近念佛好像念得特別勤。」

阿婆看了他一眼，說：「沈少爺，有空多念佛。」

「念佛有什麼好處？」他滿臉狐疑問道。

「我丈夫還在世的時候，常勸我多念佛，我不聽，後來他往生的時候，和一般人不太一樣，沒有痛苦，非常地安詳。他事先預知要往生了，前一天還去向親戚朋友道別，大家只當他在開玩笑，沒想到第二天就面帶笑容，無疾而終。」

他平靜的心湖裡，像被丟下一顆石子，盪著一圈又一圈的漣漪，過了好一會兒才開口：「我以爲——預知只存在神話故事裡頭，沒想到……。」

「預知能力不是什麼神通，而是人與動物都天生具備的本能，例如許多動物都能預知天氣要起變化了，人的預知能力都被一大堆的俗事雜物矇蔽，所以一般人都不靈光了。」

他非常驚訝，沒想到外貌不起眼，識字又不多的劉阿婆，竟然懂得這麼多，眞是人不可貌相。

他隨手拿起桌上一本經書來，封面上寫著《佛說阿彌陀經》，好奇心驅使著他翻開來看。

如是我聞，一時佛在舍衛國，祇樹給孤獨園，與大比丘僧千二百五十人俱……。

沒想到佛經的文字那麼優美，並沒有想像中的艱澀難懂。

「沈少爺，考期快到了，你還是多讀四書五經吧！你們沈家就數你和三洲兩個人最被大家看好，不要讓大家失望喲！」

告別了劉阿婆，他覺得今晚的收穫良多，以前認爲念經拜佛，不過是老人消磨時間的方法之一，如今有更進一步的認識。

回家後反覆思索，感觸頗深，於是提起毛筆來，書寫「生死事大」四個大字，貼在桌子上，隨時警惕自己。

日夜苦讀，他的身體日益消瘦。一天，父親來到書房，看到他那清瘦的模樣，心中著實不忍，於是關心地說：「孩子，讀書固然是好事，身體也要照顧好。功名富貴，一半是靠天命，沒有必要太執著，順其自然就好。」

他感動萬分，不覺鼻頭一酸，啜泣著說：「爹，孩兒天資不佳，所以要比

別人加倍努力，請爹不用操心。」

「明天叫你娘燉些補品給你補補身體。」

「謝謝爹。」

他在縣學書院求學過程中，平日表現出類拔萃，深受老師器重。第二年，他不負眾望，以非常優異的成績通過縣學考試，成爲秀才。

秀才的頭銜，只不過是他投考功名的第一步，下一個目標是舉人，再下一個目標是進士。

一天，一位世叔來訪，他笑著說：「秀才郎，改天換一頂舉人或進士的帽子吧！這對你來說，就如同探囊取物那麼容易，難不倒你。」

「過獎了，還是需要經過一番努力，才能開花結果。」他謙虛地回答。

當年的科舉考試是三年舉辦一次，經過三年苦讀，他準備在考場上大顯身手。可惜世事難料，考前三個月，他那孱弱的身子不堪長期苦讀折磨，竟然生了一場大病，病情稍癒，父親送他到家鄉附近的寺院養病。

養病期間，他接觸了許多佛教經典和書籍，並認識了一些談吐舉止令他折服的出家僧人，使他在自幼學習的儒家思想中，又加添了佛法概念。

他發現，儒家和佛家兩大思想竟然有許多相似之處，中心主旨都是以「仁」爲出發點。

沉醉在佛書之中，他每天快樂無比。

考期近了，家裡的人都希望他抱病參加，以免一誤又是三年，他考慮再三，爲官並非他的興趣，所以決定放棄了。

一天，父母親相偕到寺裡看他。

他的父親叫德鑑，別號明齋，學問淵博，寫得一手龍飛鳳舞的好書法，對陰陽醫卜樣樣精通。憑這些才能，要當個官或以此賺錢，都是輕而易舉的事，可是他卻寧可在鄉下當一名收入不多的私塾教師。

「慧兒，你放棄考試，不會覺得太可惜嗎？」母親非常關心。

「沒什麼好可惜的。」

父親說：「枉費你三年苦讀。」

「三年苦讀收穫很多，一點都沒有浪費，讀書並不一定爲了考試。爹，您

至今仍然書不離手，這是在充實自己，而不是浪費時間呀！」

「爹年紀大了，而你年紀尚輕，不能相提並論。」

「可是，爹，您不是常常告誡孩兒，盡量不要與官府打交道，領官錢、做官保、入官府爲吏，這些都不是好事，考上科舉固然得意，這些事能避免嗎？」

「這……。」

父親啞口無言。

母親嘆口氣說：「唉！當官有什麼不好？你們父子兩個人眞是同一副臭脾氣。」

03

美滿的婚姻

病癒之後，沈佛慧回到家中，一件重大的事情正等著他。原來母親抱孫心切，很早就透過媒婆，暗中在爲他物色對象。

如今母親相中一位鄰村姑娘，只等他回來後點頭答應，就擇個良辰吉日完婚。

「娘，我年紀還小，不必急著結婚。」

「你不急，我急！二十歲了不算小，我二十歲的時候，已經是兩個孩子的娘了。」

「我……還想多讀點書。」

「結了婚以後一樣可以看書。」

在父母親的安排下，他在過年之前娶了親，新娘子小他一歲，姓張名碩人。

結婚後，小倆口有一段恩愛甜蜜的日子。

有一天，佛慧帶著愛妻碩人同遊西湖，兩個人都是舊地重遊，可是感覺大不相同。

夕陽西下，晚霞滿天。西湖上映著落日餘暉，遊人已稀，湖畔群鹿在奔跑，天空歸鳥振翅忙，都急著要回家。

沈佛慧偕同妻子，盪著一條小舟，輕輕一划槳，劃破一方西湖水，小舟緩緩搖盪著，平靜的湖面漾起一圈又一圈的漣漪。

忽然，耳畔傳來一陣陣悠揚的鐘聲，隨著清涼的晚風在湖面迴盪。

「這是……。」碩人傾耳諦聽，好奇地問。

「這叫『南屏晚鐘』，西湖南面有個南屏山，山上有一個著名的淨慈寺，每天傍晚時候都會傳出鐘聲來，這是西湖十二景之一。」佛慧如數家珍。

「相公，西湖我來過好幾次了，從來不曾發現她這麼美，這麼迷人。」

「西湖最美的時刻，是在清晨和黃昏，一般遊客卻都錯過這兩個時刻。」

「相公，你記不記得白娘子和許仙的故事？聽說就是發生在西湖。」

「嗯。」他漫不經心地應了一下。

「『斷橋借傘』那個斷橋，明明沒有斷掉，爲什麼叫斷橋？」碩人又問。

「……。」

碩人聽不到回答，回頭一看，看到佛慧兩眼失神呆滯，身體木然不動，彷彿靈魂出竅，空留一副軀殼。剛結婚時，她常爲丈夫這副德性嚇壞了，如今漸漸習慣了，只要不去打擾他，過了片刻就會回過神來。

涼風徐徐吹來，小舟輕輕搖盪，突然他大喊一聲：「快！快去拿紙筆來。」

「相公，這是船上，哪裡有紙筆？」

「剛才面對名湖美景，又有佳人爲伴，我突然靈感泉湧，詩性大發，做了一首好詩，不記下來太可惜。」

「我雖然不會寫詩，可是背書比別人快，你念來聽聽，我記在腦子裡。」

「好。」他慢慢吟著剛出爐的詩句：

買棹入平隍，翩翩萬柳旁。
亂煙迷野色，殘照映湖光。
駭鹿呼群切，寒鴉擇樹忙。
詩成天欲暝，新月下前塘。

她閉上眼睛，陶醉在一片詩情畫意中：「嗯，好詩，好詩！詩名呢？」

「詩名？還沒有想好。」

她搜盡枯腸，想了又想，終於想出一個滿意的名字來：「就叫〈西湖晚渡〉，好不好？」

「好名，好名！」

＊　＊　＊

沈家的院子裡有一大方池塘，栽種著翠綠的蓮花。夏天一到，蓮花盛開，群芳競豔。

佛慧的書房正面對著一片蓮花池，他是一個愛蓮成癡的人，每當蓮花盛開的時候，都會邀請一些好友到家中來品茗賞蓮，吟詩作對。

好友陳如玉和楊國柱應邀來訪，面對眼前朵朵紅蓮，娉婷玉立，兩人讚不絕口。

「眞是國色天香。」陳如玉讚美著。

「眞是秀色可餐。」楊國杜讚美著。

沈家的書房裡，陳列著許多書籍和佛經，還瀰漫著檀香的味道。牆上掛著一幅長詩，以工整的小楷書寫著，署名「蓮池居士」：

蓮池非是愛栽蓮，蓮是華中解脫仙。
潔體迴離紅粉鬢，清香不戀綺羅筵。
密通千孔除諸礙，秀出孤標絕眾纏。
碧水青天長自在，蓮池非是愛栽蓮。

陳如玉讀了又讀，問道：「『蓮池居士』是何方神聖？爲何我等不曾耳聞？」

沈佛慧笑著說：「哈！遠在天邊，近在眼前，就是區區在下。」

楊國杜不禁讚美著：「哇！不得了，這個『蓮池居士』詩文出眾，他日必定和『東坡居士』、『香山居士』齊名。」

「詩是我作的，字是我寫的，你們知道我爲什麼自號『蓮池居士』嗎？」

陳如玉搶著說：「我知道，表示你是這片蓮池塘的主人，別人侵犯不得。」

楊國柱笑著說：「我也知道，蓮花美麗，蓮子價昂，蓮藕可以熬茶、入菜，蓮葉還可以賣給菜販。」

對好友的戲謔，他只能一笑置之：「蓮花是佛教的象徵，菩薩坐的是蓮花座，佛前的燈是蓮花燈。我吃齋拜佛好幾年了，本來一直是無宗無派，近來漸漸喜愛淨土宗，也就是蓮宗。」

「什麼叫淨土宗？」陳如玉好奇地問。

「淨土宗是佛教裡的一個宗派，以念佛往生淨土爲主旨，它是東晉慧遠祖師所創，風行我國各地。」佛慧說。

「我還以爲淨土是掃淨土地呢！」楊國柱說。

「是掃淨心靈那塊福田。」

碩人在院子裡的槐樹下備好茶具，用瓦爐煎水，還拿扇子搧火。好一會兒，她朝屋子裡喊道：「水開了，佛慧，拿茶葉來泡茶。」

「哦！好。」佛慧應了一聲。

楊國柱扮個鬼臉說：「唉唷，好令人羨慕的神仙美眷呀！難怪古人說：『只羨鴛鴦不羨仙。』」

陳如玉說：「喔！結婚眞好。」

佛慧白了他們一眼，說：「回家去跟你們的娘說呀！說你們都急著想成親。」

佛慧說完話後，從壁櫥取下一個精緻的瓷瓶子，打開瓶蓋來，倒出一些針狀的東西在手掌心，給兩位朋友瞧瞧說：「你們猜猜，這是什麼東西？」

兩個人張大眼睛瞧了片刻，瞧不出是什麼名堂。

「是生鏽的繡花針吧？」

「好像是松樹的針葉。」

他揭開謎底說：「這是茶葉，一種稀有而且名貴的品種，叫『白毫銀針』，白花花的銀子未必能買到這種茶葉，這是家父的至友送的。走！我們去嘗一嘗滋味如何？」

「哇！今天眞是不虛此行。」陳如玉說。

「品茗賞蓮，稱心愜意，達官貴族，未必能享受。」楊國柱說。

來到槐樹下，茶具早已備妥，沖好之後，淡淡的茶香回溢，入口之後滿嘴生香，沁入肺腑，餘味無窮。

「眞是好茶。」

「令人回味再三的茶。」

佛慧爲朋友添茶，一面說：「這個茶有個傳說，從前有個姑娘，歷盡千辛萬苦到遠方採銀針仙草，救活鄉親的怪病。後來鄉人把仙草的嫩芽採來晾乾當茶喝，竟然發現味道奇佳。又因爲晾乾的仙草芽，滿身帶著白茸茸的毫毛，潔白如銀，形如針狀，故名『白毫銀針』。」

「好奇特的名字。」

一陣涼風吹過，高大的槐樹上樹葉沙沙作響，飄落幾朵黃色的花兒。眼前

的蓮葉翠綠，蓮花嬌豔，迎風搖曳生姿。

一片黃色的花瓣被風吹落，飄呀飄的像一隻飛舞的蝴蝶，在風中翩躚起舞，在大家不注意的一刹那間，突然飄進佛慧的茶杯裡。

「喔！眞準，一點誤差都沒有。」碩人說，她拿一隻筷子要去撈那片花瓣。

「別撈，多一片花瓣，多一種味道。」佛慧說，他拿起杯子來喝。

04

堂哥喜登科

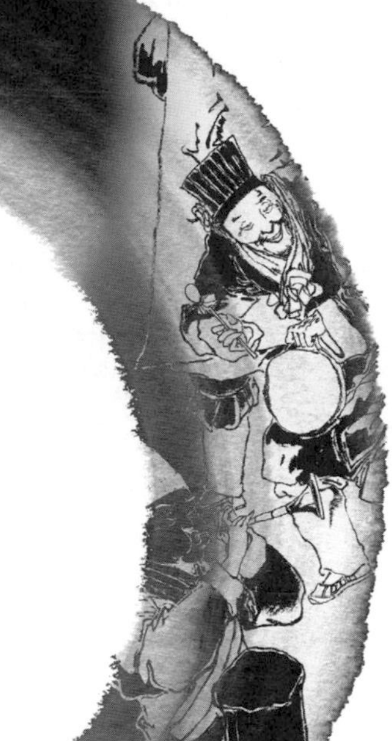

錯過那場考試，許多人爲沈佛慧惋惜，憑他的才華不難因此出人頭地，光耀門楣，然而他卻棄如敝屣。

他的父親常說「官場難爲」，複雜的官場上勾心鬥角，動輒得咎，那種環境非他願意。他要以父親爲榜樣，絕意仕途，有了這個決定後，他的人生眞是「退一步海闊天空」，從此心中無罣礙，整個人神清氣爽，萬分愉快。

放榜之後，沈家燃起一長串的鞭炮，是沈三洲高中進士。

沈家賀客盈門，三洲的父母樂得嘴巴合不攏來。三洲忙進忙出的，每天忙得團團轉。他成了村中最轟動的風雲人物，村人莫不以他爲榮。

賀客接踵登門道喜，賀函、賀匾不斷增多。沈家喜氣洋洋，風光極了。

相形之下，佛慧家中冷清多了，兩家相隔不過數步之遠，那些賀客之中不乏佛慧父親的舊識、親友，可是大多數的人卻吝於多走幾步來拜訪他家，人情淡薄，能不令人感慨？

佛慧父親本來一直和兄長居住在一起，兩家相處倒也和睦，後來兩家的孩子逐漸長大，有的還結婚生子，房間顯得十分擁擠，不敷使用。大約兩、三年

前，他出資購買附近一棟房子，經過整修後搬過去居住，父親留下來的祖居留給兄長和姪兒們，兩家相距不遠。

「大哥，伯父家好熱鬧喲！」三弟對佛慧說。

「只要你好好讀書，有朝一日我們家中一樣會那麼風光。」佛慧說。

「我？我不行啦！白天翻著書，就想溜出去玩，晚上翻著書，瞌睡蟲馬上飛來找我。」三弟說。

「不肯用功的人，藉口特別多。」佛慧說。

「大哥，你爲什麼不去應試呢？你肯去的話，也許今天家中也是熱熱鬧鬧的。」二弟問。

「是不是擔心會落榜？」三弟問。

佛慧想了一下，說：「也許是吧！」

佛慧的祖父早逝，家中由祖母當家，孫子如此爭氣，她樂得大開盛宴，邀請鄉親好友，全家陶醉在歡樂的氣氛中。

祖母對佛慧說：「你今年要是去應試，我們沈家大概會雙喜臨門。」

金
題名
賀
沈三洲老
高中

「……我不行啦！」

「誰說你不行？學堂裡的老師還特別稱讚你。三年後你一定得去考一考，沈家的進士不嫌多，愈多愈好。」

「這……。」

「你看三洲呀！從小就特別聰明，沒有人比得上他，你要多多向他學習。從他小時候，我早就看出這孩子有出息，現在果然沒有令我失望。蛟龍終非池中物，時機一到就會一飛沖天。」

祖母講了一大堆讚美的話，佛慧聽了感觸很深，那些話祖母常常用來讚美他，如今一字不改地跑到三洲身上了。

持續了好幾天，熱鬧的氣氛才稍稍減退，佛慧才有機會向堂哥道喜。

「三洲哥，恭喜你。」

沈三洲一看是他，嘆口氣說：「唉！你這個大傻瓜，讀書比別人更花苦功，卻不去考功名，一輩子像你父親一樣，在鄉下當一名窮酸書生。」

「也許我不適合當官吧！」他苦笑著。

「你沒有當過，怎麼知道不適合？」

「我知道自己的個性。」佛慧問：「你知道分派到哪裡上任？擔任什麼官？」

「還不知道。我希望能分發到北京城侍奉皇上，那裡不但工作機會多，而且陞遷快。如果一輩子在小地方當一個沒沒無聞的小吏，我是不幹的。」沈三洲雄心勃勃地說。

「伴君如伴虎呀！」佛慧提出警告。

「不入虎穴，焉得虎子？」三洲笑著說，口氣中充滿了信心。

一個月後，三洲接到赴任通知，到金陵擔任通政參事，那是一個辦理公文收發的小官吏，他有點兒失望。

「登高必自卑，行遠必自邇。」

「這是你從政的第一步，當然得從小官做起，他日必能飛黃騰達，前途不可限量。」

三洲的父親和叔父一再勸慰，他才稍感釋懷。過了幾天，他收拾好行李，帶著妻兒欣然赴任。

05

慈悲爲懷

佛慧結婚一段日子了，妻子一直沒有懷孕的跡象，大家都十分著急，尤其家中兩老更急著想抱孫。

在大家的期盼中，終於在結婚四年後有了喜訊，十月懷胎後呱呱墜地，是一個白白胖胖的兒子，取名祖植。

遲來的喜訊更是難能可貴，沈家上下十分熱鬧。祖植周歲時，沈家大開筵席慶賀。

佛慧對父親說：「爹，我不反對您爲祖植宴客慶祝，但是我希望全部用素菜，不開葷桌。」

「爲什麼？許多人吃素食不習慣的。」

「爲了慶祝我的孩子出生，要殺害其他動物的生命，我的良心怎麼能夠安呢？還有，孩子出生，我們應該爲他積福，而不該爲他殺生造惡業，對不對？」佛慧說。

他的母親說：「可是，誰家宴客不殺生呢？」

他義正辭嚴地說：「事情只分黑白是非，我們沒必要和別人同流合汙。當

您吃著桌上的珍饈美味，有沒有想到許多生命被宰割，在哀號哭叫？」
在他堅持下，宴客全部改成素食。

＊　＊　＊

有一天，佛慧應邀到杭州一位吳姓朋友家。
吳姓朋友的父親經商有成，經濟富裕，家中庭院裡布置得美侖美奐，有小橋流水、亭台樓閣，還種著許多奇花異草，最引以爲傲的是池中有許多金色的錦鯉魚，籠子裡飼養兩隻白鶴。
朋友不斷炫耀著這些寵物說：「錦鯉魚和白鶴都是非常珍貴的動物，象徵吉祥。」
「吳兄，這些名貴的錦鯉魚，是以什麼東西爲食物？」佛慧好奇地問。
「我每天要到坊間購買一些小蝦給牠們吃，商家說吃愈多蝦子，錦鯉魚身上的顏色會愈漂亮。」

佛慧聽了，眉頭皺在一起，他低聲念了一聲：「阿彌陀佛！」

他又問：「吳兄，那兩隻鶴呢？吃些什麼？」

「鶴要吃小魚，最好是新鮮的，死魚乾牠們是不吃的。」

佛慧嘆了口氣說：「唉！吳兄，你這個花園固然很美，可是從我剛才踏入第一步，就覺得這裡一股冤氣很重，陰魂不散。」

朋友臉色大變，問：「啊！有這種事？」

「你每天用小蝦餵錦鯉魚，每天小蝦要喪命一千隻以上；用小魚餵鶴，小魚每天喪命一百條以上，這裡變成血淋淋的屠場了，日積月累，殺業無邊。」

「這……。」

「世間最珍貴的東西是生命，天下最慘的事是殺傷，世人任意殺生，認爲是理所當然，於是廣積冤業，相習成俗。人呀！自稱是萬物之靈，其實是非常愚昧。」

吳姓朋友聽後呆然不語，爲何以前沒有想到那麼多？

＊＊＊

杭州地方，歲暮時候，家家戶戶都要舉行大拜拜，有的殺羊宰豬，有的殺雞殺鴨殺魚。平日節儉成性的百姓，此時也要大開殺戒，認爲牲禮愈豐富，愈能贏得神明歡心，太寒酸了擔心神明會怪罪。

祭拜神明的前兩天，佛慧秉告母親大人說：「娘，今年拜神，我們改用蔬菜水果，好不好？」

「這怎麼成？」

「怎麼不成呢？《藥師經》裡說，殺眾生去拜神明，神明會不高興的。神明、菩薩都希望天下太平，反對殺戮，他們怎麼會希望您殺了動物來拜他們呢？」

「嗯，這麼說來是有點道理。可是，這是地方上的風俗，恐怕不容易改變。」

「那麼就從我們開始，或許以後會起帶頭作用呢！」

祭拜時，沈家一樣燃香點燭，只是供桌上全是蔬果，沒有雞鴨魚肉，引起路人側目。

「唉唷！他們沈家不怕遭天打雷劈嗎？」

「唉！堂堂名門望族，竟然這麼吝嗇小氣，不怕神明怪罪呀！」

「沈家落沒了啦！竟然窮到這個地步。」

人言可畏，一大堆閒言閒語很快傳開。

佛慧於是召集了鄉人，恭敬地點燃三炷香，對天上神明高聲說：「天上的神明呀！信徒沈佛慧持五戒不殺生，所以用素菜蔬果祭拜。殺害生命來祭拜，不只是我的過錯，對您們也大大不敬。這是我一個人的意思，和別人沒有關係，您們如果不高興，凡有災殃事都可以加在我身上，不要加在別人身上。」

鄉人都議論紛紛，有人稱讚他的勇氣膽識，有人罵他頑劣不恭，竟敢違背風俗。

＊＊＊

春節過了，上元節很快跟著來。當地有個習俗，上元節那天大家扶老攜幼結伴到寺廟去上香。這一天是天官賜福之日，據說求神明最能得到感應。

沈佛慧帶著妻兒，跟著父母親，到附近吳山的三官廟拜拜上香。

上元節的三官廟人山人海，小小的廟宇擠得水洩不通。許多虔誠的善男信女跪在佛像前，喃喃低語，求神明保佑。

佛慧好奇地過去，暗中聽聽別人在求什麼？

「求神明保佑，讓信徒能發大財，陞大官。」

「菩薩庇佑，讓信女能夠早日找到好歸宿。」

「信女結婚五載，尚無子息，求菩薩能賜子。」

「求神明保佑爹娘，長命百歲。」

每個人對菩薩都有許多祈求，輪到佛慧了，要向菩薩求些什麼呢？他想了又想，人生實在沒有什麼好求的。

他舉起一束香來，低聲禱告：「願上蒼保佑品德高尚的人，至於信徒沈某，沒什麼要求，我清心寡欲，即使貧窮也能安貧樂道。」

上完香，走出來，妻子過來問道：「相公，你許什麼願？聽說今天許願特別靈。」

「眞的？我什麼願都沒許，我想了好久，想不出來要向菩薩求什麼？」

「哎！可惜。」

回到家中，他想了又想，終於想出一些祈求上蒼的事情來：

每日清晨一炷香，謝天謝地謝三光。
所求處處田禾熟，惟願人人壽命長。
國有賢臣安社稷，家無逆子惱爹娘。
四方平靜干戈息，我若貧時亦不妨。

06

厄運不斷

沈佛慧在人生的旅途上十分平坦順利，幾乎沒有遇上什麼挫折，父母慈祥、妻子賢慧、兒子可愛、家庭十分美滿，令人羨慕。家中經濟不惡，衣食無缺，從來不必爲生活發愁。

他的文采斐然，大名遠播，許多達官貴人、文人書生爭相與他交遊。在村中，他是鄉人敬重的秀才郎，爲人熱心善良。

在溫馨甜蜜的家庭中，他每日沉溺於儒家書籍、詩詞和佛家經典之中，其樂無比。「書中自有黃金屋，書中自有顏如玉」，一點也不假。

人生如此，夫復何求？

「花無千日紅」，世事本無常，正當他陶醉在幸福的生活中，厄運悄悄地跟來了。

＊　＊　＊

一個風雨交加的夜晚，沈家一家上下圍著火爐取暖，熊熊的火，映著一張

張紅通通的臉。

「碰！碰！碰！」

忽然一陣急促的敲門聲，打斷屋中的談話聲。大家面面相覷，這種天氣竟然有訪客上門？

「沈大夫，求您開個門。」

門外的雨聲夾雜著一個陌生男人的聲音。佛慧起身去開門，門外是一個皮膚黝黑的年輕人，兩眼布滿血絲，神色慌慌張張，從外貌看起來像是農夫的模樣。

那個人渾身上下濕透了，衣服滴著水珠，他走到沈德鑑面前，兩腿一屈跪了下去。

「沈大夫，求求您救救我的妻子。」

「你的妻子怎麼了？」沈德鑑問。

「她難產，血崩，流了滿地的血，情況十分危險。」

「生產的事情，找個產婆就行了。」老夫人說。

那個人急得直磕頭說：「產婆應付不了，慌得束手無策，您再不出面，她的小命會保不住。」

沈德鑑雖然不曾正式懸壺濟世，但是平日潛修醫術，聲名遠播，所以常有人登門求醫。

他望了望窗外的傾盆大雨，遲疑著說：「這個天氣……。」

「大夫，行行好事吧！救人如救火呀！」那個人不斷地哀求著。

「老伴，你的身體愈來愈糟了，別勉強自己，這種雨會打死人的。」老夫人憂心忡忡地說。

「爹，您多考慮一下，這種天氣實在不宜出門。」佛慧也擔心地說。

沈德鑑猶豫片刻，終於下定決心說：「走吧！當大夫就必須有醫德，不能見死不救，更何況『救人一命，勝造七級浮屠』。」

他又問那個人：「你家住在哪裡？」

「南山村。」

他聽了心中一沉，南山村在附近山區，道路多崎嶇險峻，在這下著滂沱大

雨的黑夜裡，上南山村眞是一大冒險。看看那個陌生人乞憐的眼光，想想他家中命在旦夕的病人，他決心不顧一切地前往，不管家人的一再勸阻。

「爹，既然您執意要去，我去找人抬轎子送您去吧！」佛慧說。

「不必費心了，這種天氣出再高的價錢也找不到轎伕。」沈德鑑說。

他披上蓑衣，跟著陌生人走入大雨中。

當他回到家中，已是翌日清晨，大雨已歇，可是衣服還是濕漉漉的。一夜的折騰，令他精神耗盡，彷彿一下子老了數十年。

「爹，病人怎麼了？」佛慧問他爹。

「還好，總算母子平安，咳！咳！」他咳了幾聲。

「爹，您快去休息吧！」

「好。」

當他拖著疲憊的身子回房休息，忽然眼冒金星，天旋地轉，頓時體力不支而倒地，大家慌了手腳，連忙扶他回房間去。

自從這次以後，沈德鑑的身體急劇惡化，半年後終於撒手西歸了。

在沈家三兄弟之中，只有佛慧的個性、嗜好，與父親十分相近，兩個人好像同一個模子翻印出來的，喪父之痛令他如同椎心刺骨般。

＊＊＊

一個暮色漸濃的傍晚，他忽然心中煩躁不寧，眼皮直跳。他心中十分納悶，這是以前不曾有的現象。

「開飯囉！」廚房有人喊著，屋外馬上響起雜沓的腳步聲，大戶人家的吃飯場面十分熱鬧的。

忽然，妻子探頭來問：「咦？祖植呢？」

「剛才阿福帶他出去玩。」

阿福是一個年紀很大的長工，在沈家的時間比佛慧的年紀還大。

「出去多久了？」碩人面露擔憂之色。

「好一會兒了，大約一個時辰以上。下午我在書房看經書，祖植一直吵著要出去玩，阿福看到了，就自告奮勇要帶他出去玩。」

「唉！你這個書呆子。」她焦慮不安地說：「天都這麼黑了，還不回家，眞叫人擔心！走，我們出去找。」

正要出門，忽然看到阿福哭哭啼啼迎街走來，他們夫妻倆驀然大驚，心知不妙。

「阿福，怎麼了？」佛慧急著問。

「少爺……，少奶奶……，對不起……。」阿福泣不成聲。

「阿福，發生什麼事了？祖植呢？」碩人心急如焚地問。

「少奶奶……，祖植他……他掉到水裡去了。」阿福斷斷續續地說。

「現在呢？」佛慧緊追著問，心裡還抱著一線希望。

「村中幾位壯丁下水去撈，總算撈起他的遺體來了。」阿福悲痛地說。

眞如晴天霹靂，他的腦中天旋地轉，難以接受這個打擊。而身旁的妻子已兩眼木然，身體虛軟不支，連忙攙扶她進房裡休息。

他跟著阿福到河邊去，心中悲慟欲絕，兩條腿不聽使喚，愈走愈沉重。河邊聚集了許多好奇圍觀的人，一塊白布覆蓋著一具小屍體。他用顫抖的手，掀開白布來看，那張十分熟悉的面孔，已經不會呼吸了，面色灰白，毫無血色。

一個時辰以前，還是活蹦亂跳的孩童，忽而變爲冰冷的屍體，眞令人難以接受這個事實。世事無常，竟至如此。

那一夜，他的淚水濕透枕巾。

* * *

自從祖植夭折後，碩人經常愁眉不展，以淚洗臉，天天籠罩在悲傷的深淵中，時間不能沖淡她對愛兒的思念。

「碩人，你得多保重，孩子逝去那麼久了，你應該走出悲傷，重新過日子。」佛慧安慰妻子。

「可是，我沒有辦法忘記祖植，他那可愛的身影，好像還活在我身旁。」

「如果你喜愛孩子，我們……可以再生一個呀！甚至兩個、三個。」

「沒有人能代替我的祖植。」

她長期處在悲傷之中，所以食慾不佳，食而無味，身體日益消瘦。天天折磨著自己，健康情況愈來愈糟。

一天，她不愼感染風寒，這原本是小毛病，她並不在意，不肯吃藥，誰知幾天之後病情轉劇，連續幾天高燒不退，佛慧延請大夫至家中爲她診治。大夫把過脈後，搖頭嘆息說：「病人的身體太過於虛弱，恐怕凶多吉少。」

佛慧一聽，心情沉至谷底，過了片刻才回過神來，對大夫說：「大夫，求您高抬貴手，救救我的妻子吧！」

「我當然會盡力而爲，可是，她的身子實在太虛弱了。」大夫說。

佛慧親自爲碩人煎藥，想到愛妻病況嚴重，不覺暗自掉淚。過了幾天，碩人依然藥石罔然，溘然而逝。

他不禁對天浩嘆，人的生命竟然如此脆弱，不久前還是活生生的一個人，轉眼之間陰陽兩隔。他覺得自己好像又被命運之神重重一擊，脆弱不堪的心靈完全被擊碎了。

07

看破紅塵

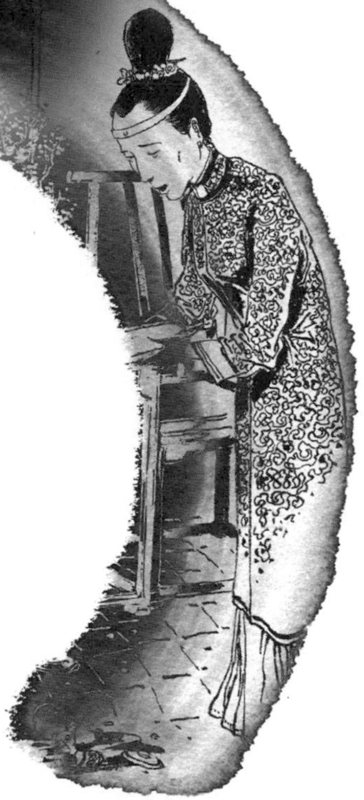

在短短三年多的時間裡，三個世上至親的人相繼離他而去，沈佛慧那種悲痛欲絕的心情，眞是筆墨難以形容。

當他閉上眼睛，腦海中立刻浮現出父親、妻子、兒子的容貌來，想抓抓不到，想揮揮不走，每天生活在如此虛無幻境中。他變得意志消沉，感覺人生乏味，什麼事情都提不起興趣來。

往日眞是「少年不知愁滋味，爲賦新詞強說愁」，如今總算體會到死別的悲痛了。

朋友來探望他，好心勸告著：「比起杜甫、白居易等人，你是幸運多了，他們歷經國破家亡、骨肉分離，甚至生活顛沛流離、三餐不繼，你……算得了什麼？」

母親安慰他說：「孩子，逝者已矣！不要再悲傷了，過些日子我託媒婆再幫你物色一個對象。」

「娘，孩兒並不打算再婚。」

「你還不到三十歲，人生三十而立。你年紀尚輕，還得爲沈家生一個長

孫。」

「兩個弟弟都有生育，沈家不愁無後。」

母親怒斥道：「你難道要一輩子當鰥夫嗎？」

他低頭不語。「不孝有三，無後爲大」，他不明白爲何中國古聖賢特別重視這些？

媒婆接受沈老夫人的委託，很快就有回音了。

她對沈老夫人說：「老夫人，令郎雖然是續娶，可是他的人品好、聲望高，在這杭州縣城四周，誰沒聽過他的大名？我才把風聲放出去，已經有許多人來打聽令郎的消息了。」

沈老夫人不耐煩地說：「說了老半天，到底有沒有消息？」

「有，您知道縣城裡的方員外吧？他家千金才華洋溢，十分愛好詩詞。她對令郎的詩文十分傾心，可惜『使君有婦』，她只能藏起那份愛意。如今令郎恢復單身，她願委身下嫁當塡房。」

「你說的方員外是指城裡第一鉅富的那位？」

「是啊！令郎如果能夠和她結連理，這一輩子榮華富貴享用不盡。」

沈老夫人將這好消息告訴兒子，佛慧卻一點也不開心。

「娘，咱家是家道中落了，高攀不上豪門鉅富，富家女娶進門來，恐怕我會侍候不起。」

「別人是嫌貧愛富，你倒相反。好，請媒婆幫你挑個貧窮的姑娘。」

過了不久，終於挑中一名十九歲姑娘，姓湯。

＊　＊　＊

三十歲那年，沈佛慧奉母命再娶湯氏，一個花轎去迎娶，場面冷冷清清，與上次婚禮的隆重熱鬧，簡直如天壤之別，令人感慨唏噓！

原爲地方望族的沈家，眞的是家道中落了。沈母急著要兒子續絃，大概就是希望多子多孫，來重振沈家吧！

婚禮給沈家帶來一點喜氣，但是沈家的厄運沒有結束，一年多以後，沈老夫人又去世了。

老天爺對佛慧的打擊實在太大了，一次又一次的，毫不留情。

他平日精研佛書，此時忽有出家遁世的念頭，但是念及結婚不久的妻子，只好打消此意，勉強振作起來。

那一年的除夕，他端坐堂前，飽經變故的他，憶及昔日天倫之樂，感慨萬千。出家、在家，他面臨徬徨抉擇。

「相公，我去沏杯茶給你喝。」

「好。」

續絃妻子年紀雖輕，可是聰慧懂事，這是他放不下這個家的原故。

妻子端了一杯熱騰騰的茶過來，走到他的面前，茶杯忽然傾倒而破裂，濺了一地濕漉漉的。

剎那間，他突然頓悟，感觸頗深地說：「人生本無常，因緣沒有不散的道理。」

左思右慮，再三想想，過完新年之後，他終於向妻子表白要出家修行的意思。

「好，我贊成。」

沒想到妻子如此通情達理，沒有任何反對。其實，兩年多的相處，她早就知道丈夫的心意了，而她是佛慧目前唯一的牽掛。

「『夫妻本是同林鳥，大限來時各自飛』，我們有緣夫妻一場，終究一天緣盡會分散，不如趁早各自爲計，各自打算。」

妻子抑住悲傷的淚水，勉強裝出笑容說：「家中我自會安排，你不妨放下一切，安心去修行吧！等我料理好之後，過段時間我會追隨你的腳步去出家。」

處理好一些私事，拜別親友，沈佛慧就正式投入佛門。這一年，他三十二歲。

08

青年行腳僧

明朝嘉靖四十五年（西元一五六六年），才華洋溢的杭州沈秀才，毅然投入西山性天理法師處剃髮爲僧。不久，又到昭慶寺無塵玉律師處，就壇受具足大戒❶。

他的法名袾宏，又號蓮池。

沈佛慧從此擺脫俗事，成爲一個生活簡樸、刻苦修行的僧人，告別往昔的少爺生活，開始新的生活。

出家後不久，他攜著單瓢隻杖，遊方各地，拜訪名剎古寺，遍參善知識，尋訪正道。

要托鉢行腳本非難事，但有一事曾困擾著他，他的母親於嘉靖四十四年去世，而他出家是在嘉靖四十五年，出家不久便出外遊方。當時的習俗，爲人子要服喪三年，他該怎麼辦呢？一旦四處行腳，母親的神位將如何處置呢？

經過一番苦思深慮後，他想到一個兩全其美的辦法，就是把母親的神主牌位綁在懷裡，伴他一起去行腳，吃飯時先供食，休息時要敬拜。

他特異獨行的做法，常引起別人的好奇。一次，他在一座寺院掛單，到客

寮休息時，他先放下一身的行李，再解開懷裡的神位，恭敬地供奉，跪地叩拜。

「娘，一路辛苦了，您休息吧！」

一位比丘看到了，好奇地說：「師兄，佛教制度出家僧眾是不能拜父母的，現在你連死人的牌位都拜，是不是放不下那個家？」

他說：「出家人早就不該留戀那個家，但是父母親對子女的恩情昊天罔極，不知報答者唯有禽獸。父母生我、育我猶如活菩薩，所以出家人在拜父母的時候，就當作在拜菩薩一樣，有何不可？父母接受出家子女跪拜時，不必迴避，就當作是一般佛弟子在拜，而不是出家子女在拜他。」

那個比丘想一想，的確有道理。

「有時候不必拘泥傳統的制度，而要參酌中國的倫理觀念，變通一下，佛法不離人間法。」蓮池法師說。

行腳僧的日子十分艱苦，餐風飲露，幕天席地。他曾經以一首偈語來自勉自勵：

趙州八十猶行腳，只為心頭未悄然。
及至歸來無一事，始知空費草鞋錢。

蓮池法師三千里行腳十分漫長艱苦，他首先到達山西省五台山，這裡是中國佛教四大名山之一，也是文殊菩薩駐化之所。

在山上頂禮顯通寺、清涼寺等著名佛剎，一位沙彌告訴他說：「山中經常有菩薩顯現異相，師父不妨多留幾天。」

一天夜裡，他正和一名僧人交談，面向浩瀚無邊的天際，只有幾顆稀疏的星子，天空一片黝黑，充滿了神祕。

「人眞是太渺小了！」他感嘆著。

忽然，天空忽然響起琤琤琮琮的聲音，好像珠佩相接之聲，黑漆漆的天空出現數十盞、數百盞、數千盞的燈光，閃閃爍爍，十分壯觀美麗。

這個奇異的景象歷時數分鐘後自動消逝，在場目睹的人都萬分驚歎。

山僧告訴蓮池法師：「這個現象叫『文殊放光』，以前曾經出現，可是次

數不多，我在山上住了二十年，僅僅見過兩次。今天大概是菩薩要迎接你這位客人吧！」

「後生晚輩，哪有這份福報？」蓮池謙虛地說。

回到寮房後，他的心中尚被剛才目睹的異象震撼著，他的腦海中思索著許多問題，心中更堅定的要念佛、拜佛、苦修。

＊　＊　＊

離開五台山後，他繼續南下，在河南伏牛山上，隨著僧眾共修苦行，受益良多。

行行復行行，他終於到了北京城，參謁當時最著名的兩位長者——徧融和笑巖。

這兩位大師，是當時最受到朝野敬重的高僧，如果能得到他們的開示，必能受益無窮。於是，他跟隨著緇素❷大眾去拜謁徧融大師，同行者有二十餘

人。

他們禮拜大師過後，大師閉目默然，不發一言。大家屏氣凝神，期待大師金口吐出至理名言。

「大師，請開示晚輩。」

大師微微張開眼睛，緩緩地說：「各位不遠千里而來，可惜我處無深奧的佛理相告，只有幾句平凡的話來給諸位作參考，就是『堅守戒律』。」

大家相視愕然，有一位更大膽地要求：「大師，能否再進一步開示？」

「莫貪。」

大師簡單回答後，就示意眾人退出。

「這叫什麼開示呀？像在對三歲小兒訓話。」

「淺淺的道理，誰不會講？」

眾人議論紛紛，大家都很失望，原本希望能聽到足以振聾發聵的金玉良言，結果不過如此而已，失望之情溢於言表。

年輕的蓮池法師卻不禁讚歎：「眞不愧是大師呀！『至言無言』，無可奉告，應大眾之求，大師以平凡之理相告，殊不知至言出自平凡之中。看似平凡之理，要確確實實做到可不容易呀！」

這些開示他銘記在心，影響他一生至深。

離開京城，他又展開艱苦漫長的行程，背著簡單的行囊，走過一程又一程的旅途。

一天，他在安山驛歇腳，晚上下了一場大雨。在房間裡做過晚課後，聽到鄰室聲音嘈雜，忽然一股腦兒鄉愁思緒全湧上來了。

一時詩興大發，他拿出筆墨來，寫了一首〈行腳歌〉：

挑包頂笠辭鄉曲，才出門時又愁宿。
長伸兩腳旅邪眠，夢醒惟思一甌粥。
粥罷抽單問路行，午齋念念生饑腹。
從朝至暮只如斯，不知身是沙門屬。

❖註釋❖

❶具足大戒：為比丘、比丘尼當受的戒，比丘二百五十戒，比丘尼三百四十八戒。

❷緇素：是出家人與在家人的並稱。出家眾通常身披黑衣，故稱緇；在家眾披素衣，又稱白衣。

09

死神的腳步聲

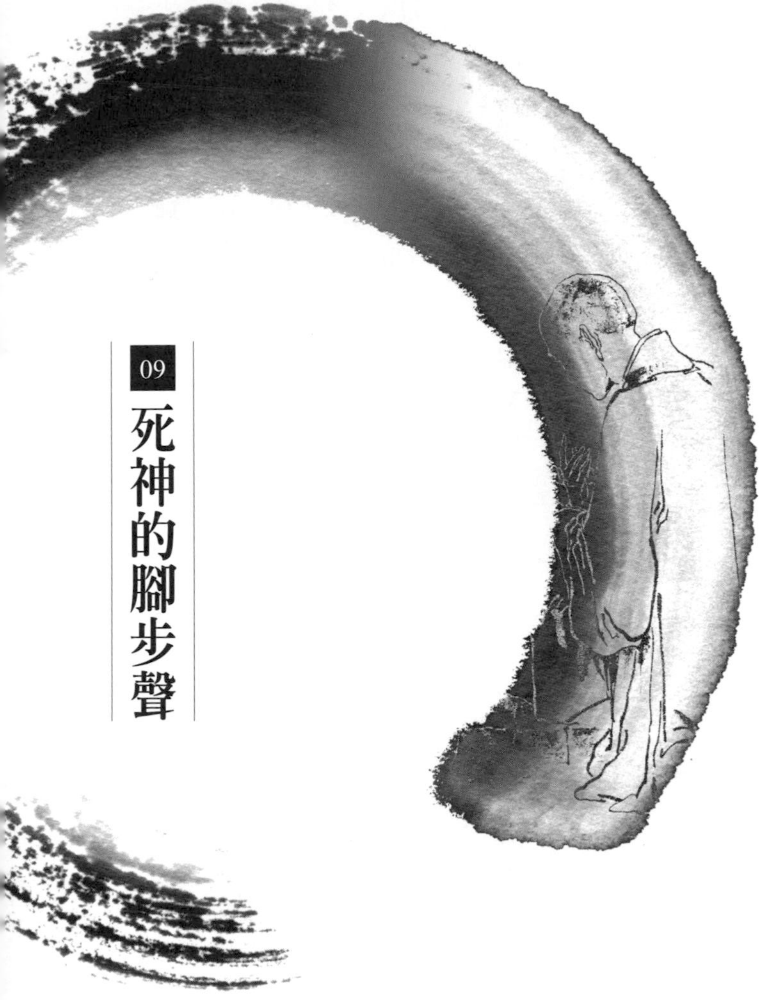

三千里路的遙遠路程，由江南走到北京，又從北京走向南方。以個人血肉之軀，與大自然的風霜雨雪搏鬥，是很難穩操勝券的。

到了金陵，他一心掛記著要去找堂哥沈三洲，可是茫茫人海尋人不易，而且他的身體早就不堪一擊，到瓦官寺掛單不久就病倒了。

病況一天一天加重，到了奄奄一息的地步，寺中的僧人便將他從客寮遷移到「延壽堂」去。

所謂「延壽堂」，就是處理將死和已死之僧的處所，那裡陰暗潮濕，霉味很重，四周靜悄悄的，像是墳場一般陰森森，令人不寒而慄。

蓮池法師的頭昏沉沉的，身體發燙。他勉強支撐起身子來看，屋子裡有三張床鋪，一張空著，一張躺著一個穿僧服的身體，不知是生還是死，連動都不會動一下。

「水……。」

微弱的聲音，出自那個「活死人」的口中，蓮池法師嚇了一大跳。看他氣如游絲，似已病入膏肓，在這個世間停留的時間大概不多了，就行好事為他

倒杯水。

他勉強起身，只覺得昏天暗地，跌跌撞撞地找，終於找到茶水了。

「老師父，喝吧！」

老和尚顫抖的手接過杯子，喝了一口，心滿意足地閉上眼睛。

過了一會兒，他又緩緩張開眼睛，吃力地說：「小師父，我……快要見佛祖了，有一件事……拜託你好不好？」

蓮池法師十分爲難，他吃力地說：「躺在這裡的人，剩下的日子都不多，恐怕會負您所託。」

「你還年輕，會……好的，我俗家姓畢，住在……雲南昆明，你去告訴我娘，我要……先走一步。」

他斷斷續續講了一些，就閉上嘴巴了，連地址和名字都沒講，不知該如何轉達？

時間過得好慢好慢，偶爾聽到窗外有腳步聲走過，可是沒有人進來探望這兩個垂死的病僧。送到這裡來，就是要任其自生自滅，等待死神的召喚。

過了好久，一名僧人走進來，手上拿著紙和筆，他走到蓮池法師的病床來，說：「對不起，法師，我是來爲你錄遺囑的人。」

蓮池法師十分驚訝。

「這是規矩。」那個僧人補充說明。

「我……沒有什麼遺言。」蓮池法師說。

「這裡有印好的格式，你只要口述，我會替你塡上。」

他塡好之後，拿給蓮池法師過目。上面寫著：

抱病僧袾宏，原籍浙江仁和，俗姓沈，名濂，今到金陵瓦官寺掛單，病情嚴重，死後望依叢林清規處理。

蓮池法師看罷，心中一陣酸楚，才三十多歲的壯齡就要往生歸西了，眞不甘心。

他心中念著佛號，希望菩薩保佑。

到了夜晚，同堂的那個老法師往生了。

屋子裡陰風慘慘，好不怕人！沒想到風光一時的沈秀才、沈公子，竟然落魄到這種地步，一旦往生，客死他鄉，連一個來送終的親友都沒有。

深夜裡，他彷彿聽到死神的腳步聲，嚇得他膽戰心驚。

第二天，寺僧送來一副薄棺，依照佛教的做法，就是準備要荼毘，也就是火化。由於室內光線陰暗，視線不良，兩、三名粗心大意的僧人，抬起奄奄一息的蓮池法師，要攏進棺木中。

蓮池法師發現這一情況，心中大驚，使盡力氣大喊：「喂！喂！不是我。」

那些和尚嚇了一大跳，以爲死人開口。弄清楚情形後，大家相視而笑。

出了這次意外，心中萬般無奈，他只能虔誠地加緊念佛號。過了幾天，病情慢慢減輕了。

＊ ＊ ＊

病情稍癒，他就急忙告辭瓦官寺。憶起原是要去找堂兄沈三洲，卻因一場大病而延誤。

拿著多年前堂哥寄來的信，按照地址去找尋，尋尋覓覓遍尋不著。後來想到，到縣城衙門一打聽，果然很快就有消息了。

兩個堂兄弟十幾年不見了，眞是感慨萬千，沈三洲鬚髮半白，蒼老了許多。堂弟的出家，雖早已有聞，可是多年不見，一見面就是這副僧人模樣，他感覺滑稽可笑。

「賢弟，你還記得嗎？小時候大家取笑你去當和尚，你說理光頭多難看呀！沒想到開玩笑的話竟然一語言中，現在不會覺得光頭難看嗎？」沈三洲笑著說。

「現在覺得沒有煩惱絲，減少了許多煩惱。」蓮池法師說。

「哈！歲月會改變一個人的想法，像我來說，對許多事情的看法都和以往相差很大。」

沈三洲又說：「走，到我家去，我們好好聊一聊。」

到了堂哥家中，見過堂嫂和兩位姪兒。老大長得玉樹臨風，老二猶童稚可愛。

「兩位姪兒今年貴庚？」蓮池法師問。

「老大遠兒今年十四歲，老二宗兒今年十一歲。」

「十四歲？遠兒看來十分聰敏，不久即可在科場上揚名立萬了。不但家學淵源，或許更可青出於藍。」蓮池法師讚美著姪兒。

沈三洲搖頭嘆息道：「雖然遠兒喜好讀書，能否功成名就，但看命運安排。」

蓮池法師大感驚訝，問道：「為什麼？」

沈三洲吁了一口氣，許久才說：「我就是一個很好的借鏡，當年堂堂一名進士，分發到縣城當差十幾年了，從小小的參議，到現在只不過是右通政。去年有個通政使的缺，論經驗、資格都數我最優先，沒想到還是被別人搶走了。從那時起，我就對官場生涯心灰意冷了。」

蓮池法師聽了唏噓不已，沒想到當年幾個兄弟之中，最有壯志雄心的三洲

兒，竟然變得如此消沉。

沈三洲又說：「『士農工商』，以前我認爲讀書人的地位最高，商人最低下。現在想法不一樣了，我要遠兒少讀書，去學經商，經商賺錢最實用，錢多地位自然高，別人也會尊重你。像我兩袖清風，誰會尊敬我？可是遠兒不聽，只知讀書應考。」

「讀書報國，有志氣啊！」蓮池法師說。

「令尊不是常告誡你四個字——『官場難爲』嗎？」

「或許遠兒能夠一帆風順。」

「不！我不希望他再重蹈我的覆轍，到了中年後悔莫及，到了晚年更會悔恨終身。」

屋子裡的氣氛缺少久別重逢的歡樂，只有沈三洲滿腔的抱怨和不滿。他不知道該如何安慰，想當初年紀輕輕，也曾經沉迷在科舉的虛榮中，後來幸好及時回頭，不再眷戀功名榮耀。

在堂哥家住了兩天，他就告辭了，繼續南下。

10

梵村有個雲棲山

離開金陵後，蓮池法師復往南行，愈走腳步愈輕快，四周的景物愈來愈熟悉，不久就回到了久違的故鄉——杭州。

在杭州的日子，他居無定所，每天去拜訪故友，四處遊方，日子過得似乎逍遙自在。事實上他的內心十分著急，想快一點找到一個落腳的地方，以定下心來修行念佛，依止叢林名剎亦可，自闢道場也無妨。

有一天，來到一個地方，只見四周峰巒起伏，山勢峻秀，令人有一種超凡脫俗的感覺。他心中大悅，這裡是夢寐以求的地方。

他向一位荷鋤的老農合掌爲禮，問道：「施主，請問這地方名叫什麼？」

「梵村。」老農夫補充說明：「梵音的梵。」

梵村，眞是好名字，與佛有緣。「請問施主，附近可有佛寺？」蓮池法師恭敬地問。

「沒有。」老農夫過了片刻又說：「山上倒有一間宋朝建的古寺，但是早就倒塌了，沒有人住。」

蓮池法師指著蒼翠的山問：「這座山叫做什麼山？」

「雲棲山。」

「好有詩意的名字！」

「本來叫做五雲山，後來因爲山巓常有五色祥雲盤旋其上，所以後來有人改稱雲棲山。」

「施主，山上爲何有寺廟，而竟然無人居住？」

「山上多老虎，一般人不敢上山去。該寺廟前朝的住持名志逢，一名大扇和尚，又號伏虎禪師，老虎遇到他就像大貓一樣溫馴，誰能有他的本事呢！」

蓮池法師想了一下，說：「施主，我想上山去。」

老農夫露出驚慌的臉色說：「千萬使不得，師父您從外地來，有所不知，山中老虎成群，每年要死傷二、三十人，家畜家禽被吞噬的更多。」

「佛祖曾經割肉餵鷹，我如果能布施這副臭皮囊給動物塡飽肚子，也算是功德無量。」

說完，逕自走上山去。

＊＊＊

過了七天，那位年輕的和尚還沒有下山來，淳樸善良的老農夫心裡好急，心想一定是葬身虎口了。那天應該不顧一切阻止他上山去。

心急不能解決事，他召集十幾名村中壯丁上山尋找，大家攜著刀棍和糧食，一起上山去。

披荊斬棘，步步惟艱，幸好老虎沒有出現。

一行人沿途撥開比人高的草叢，還一面喊著：「和尚！和尚！你在哪裡？」

「和尚！和尚！你去哪裡？」

「和尚呀！應個聲吧！」

大家都認爲凶多吉少，可是熱心的農夫還抱著一線希望。他看那個年輕和尚相貌堂堂，十分莊嚴，不像是短命相，或許吉人自有天相。即使遭到不測的話，也該找到證據。

終於有人在一片峭壁下，看到一名僧人閉目端坐著。他容貌枯槁，瘦骨嶙峋，兩頰深陷。

老農夫過去探一探他的鼻子下方，一息尚存。

一位年輕小伙子說：「和尚，你眞把我們折騰夠了。」

蓮池法師慢慢睜開雙眼，說：「對不起，有勞各位了，我在這裡非常好。」

又一位說：「那是你的運氣好，沒碰上老虎，否則早就沒命了。」

蓮池法師說：「在我禁食苦修的七天裡，好幾次老虎都走到我附近來，我就加緊誦經持咒，牠們過一陣子自然就走開了。聽說老虎不喜歡吃出家人，也許因爲我好幾天沒洗澡了，牠們更沒興趣了。」

老農夫十分虔誠地說：「師父，您一定是神通廣大，連老虎都怕您，像前朝的伏虎禪師一樣。」

「我只是一名苦修的出家人，沒有什麼神通。如果有神通的話，那是佛經和佛咒的功效！」

大家面露驚訝的臉色，沒想到家中最常見的佛經竟有如此不可思議的功能。

過了不久，大家輪流攙扶著十分虛弱的蓮池法師下山。

＊　＊　＊

回到杭州，他的一些老朋友都為山中七日歷險而捏一把汗，認為如此冒險並不值得。

蓮池法師笑著說：「我認為非常值得，當年佛祖也是到深山中苦修。」

「可是那裡十分危險呀！好好愛惜自己的生命，留得青山在，不怕沒柴燒。在這七天中，萬一被老虎吃掉怎麼辦？」

「萬物隨緣。」

在座的有太學生陳如玉、楊國柱、李繡等人，都是他出家前的老友。

「三位老友，貧僧有一事相託，不知方便否？」蓮池法師面對多年好友，依然吞吞吐吐，開不出口來。

李繡說：「您現在是大師了，有什麼事情儘管開口，我們都在洗耳恭聽。」

「我……非常中意雲棲山那個地方，想要在那裡蓋個寺院，諸位能否成全我？」

楊國杜面有難色說：「您以爲我們幾個都是大財主，是不是？」

「不！我並非要建巍峨的大寺院，只是要建一個能遮風避日的草蓬，就像你們家中的柴房那樣。」

「這倒不難辦。」陳如玉說。

於是三個人便出錢請僱工人修建，不久，一座簡陋的佛寺便出現了，中間爲佛堂，兩旁爲寮房和書房。

屋成之後，他十分滿意，在門旁寫了一副對聯：

屋壁空疏八面喜逢青嶂合

溪山寂靜四時惟有白雲棲

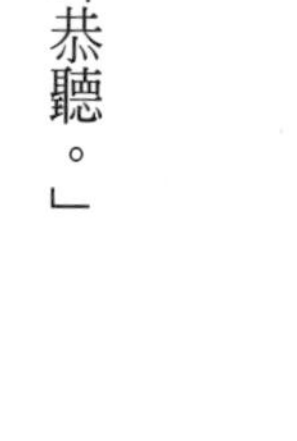

他每日念經拜佛，挑水劈柴，生活自得其樂。山中修篁茂竹，十分翠綠，偶爾白雲來棲，不肯離去，一時雲霧繚繞，彷彿結廬在仙境。

親友和信徒上山，看他生活如此簡陋，不免爲他抱屈，他卻不以爲苦。他寫了一首詩送給自己：

屋可蔽風雨，何苦鬥華麗？
堯舜古聖君，光宅天下被。
茅茨未嘗翦，土階亦不砌。
不知爾何人，鱗鱗居大第。
食可充飢腸，何苦尚腴靡？
孔顏古聖師，悅心飽義理。
一簞復一瓢，飯蔬食飲水。
不知爾何人，肥甘滿砧几？

11 聲名遠播

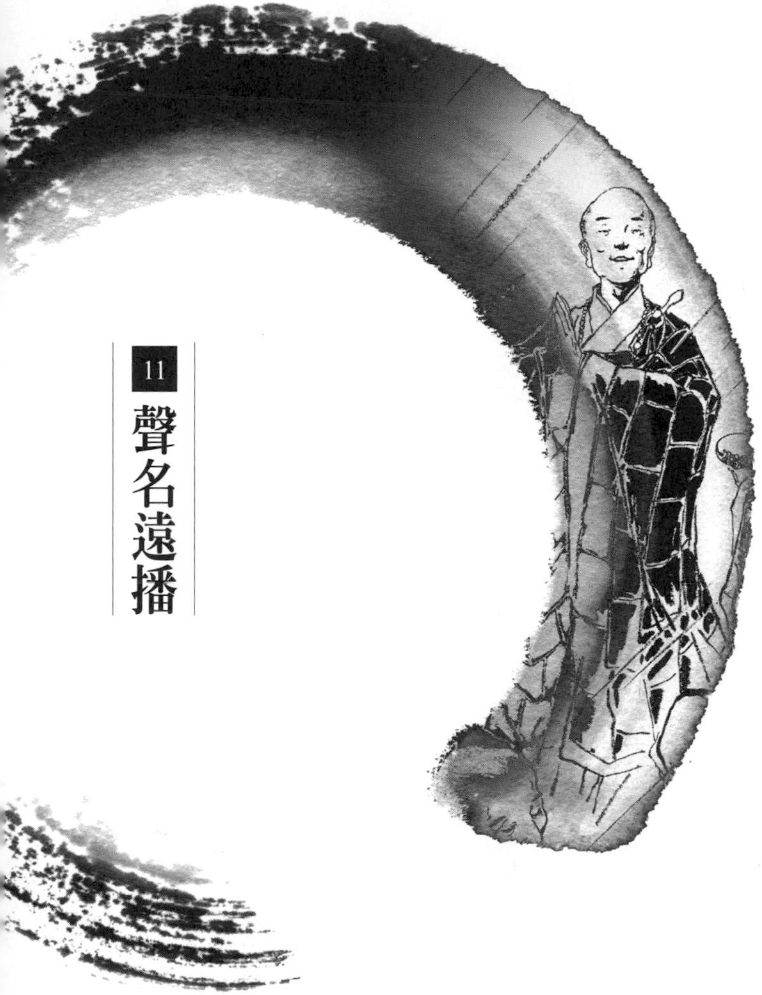

雲棲山上除了滿山翠竹，綠意盎然之外，還有六大勝景。

在雲棲寺的後方有一片峭壁，名曰「壁觀峰」，迤邐而下不遠處有一泉水，名曰「青龍泉」，寺院另一方有兩處潔淨甘美的泉水，從來不枯竭，名曰「金液泉」和「聖義泉」。寺院左前方有一片山壁如同刀切斧劈，名曰「寶刀龍」，寺院右前方有「迴耀峰」，每當黃昏時候，夕陽照在山峰上，顯得金碧輝煌。

雲棲山本來多虎禍，村民談虎色變，自從蓮池法師上山建寺以後，朝夕誦經，群虎竟然遷地為良，從此絕跡。

「喝！又是一名伏虎大師！」

「這名師父看起來文質彬彬，沒想到有那麼大的本領。」

村民都對他十分敬佩，大家都認為他有超乎一般人的本領，連老虎都怕他。

＊　＊　＊

次年，天氣乾旱，自開春以來，半年內不曾下過一滴雨，土地龜裂，草木枯萎，眼看田地荒了，什麼也種不成，農民個個憂心如焚，不知該怎麼辦？

有人想到雲棲山上那個年輕法師，他既然可以驅虎，或許也可以求雨。

許多人結伴上山去求他，說明來意後，他只是笑著說：「我這個出家人只會念經拜佛，其他卻什麼都不會。」

有人說：「用您的法術呀！」

「法術？你以為我有法術？我如果有法術的話，就不用每天辛辛苦苦地劈柴挑水了。」

眾人你看著我、我看著你，心中半信半疑。

忽然一位農民跪在蓮池法師面前，哀求著說：「師父，如果您不肯救我們，我們家中快斷炊了，會餓死人的。」

「起來吧！」蓮池法師說。

「我的能力實在非常有限，我只能帶你們一起求菩薩保佑，或許會有一點希望。這樣吧！今天晚上你們早一點回家休息，明天早上一起到寺裡來拜佛，祈求菩薩幫忙。這種事情不能靠我一個人，而是要大家的誠心，愈多人愈好。」

「謝謝師父。」

他們的臉上都露出笑容來，高高興興地下山回家去，大家都對這位年輕和尙很有信心。

晚上，蓮池法師恭敬地念佛祈禱，祈求菩薩爲無辜的災民解旱。今晚看到夜幕裡的星星稀疏寥落，僅有的幾顆也是隱晦不明，和往日星光燦爛的夜空大不相同，他心裡猜測著，明日祈雨或許有希望。

「師父，明天的事您有把握嗎？」

弟子廣如問道，他知道師父並非輕諾寡信的人，沒把握的事情不會輕易答應別人。

「我沒有把握。」蓮池法師回答。

「既然沒有把握，爲什麼敢答應他們？」廣如好奇地問。

「前些日子我下山到村子裡去，看到村民都爲乾旱愁苦，田地龜裂了，草

木枯萎了，心裡非常難過，回到寺裡後加倍誦經，每次都迴向❶給可憐的老百姓。我沒有把握能求到雨，我只是帶領他們去求雨而已。」

「村民個個對師父您的信心十足，萬一求不到雨，會不會……影響到我們雲棲寺的名聲？」廣如又問。

蓮池法師想了片刻，說：「的確，可是我不能因爲擔心求不到雨而拒絕他們。我們出家人本來不應該管太多俗事，以免影響修行。但是出家人是靠信徒的支持供養，才得以修行和弘法，看到信徒有難，我們豈能袖手旁觀？」

第二天，一大群村民準時集合在雲棲寺的大殿，跟隨蓮池法師拜佛。完畢以後，蓮池法師帶領他們下山，人人宣誦佛號，出家眾敲打木魚和引磬，一行人浩浩蕩蕩，隊伍十分壯觀。

今日的太陽本來就不如往日驕豔，這時候又被僧俗的震天念佛聲嚇得躲起來，不見蹤影。他們走下山後，循著田埂緩緩而行，汗水濕透每個人的衣裳。

正當大家走得筋疲力盡的時候，天空湧來幾朵烏雲，一會兒竟然飄起雨絲來了。雨勢雖然不大，但是「久旱逢甘霖」，足以令大家雀躍萬分，一時歡聲

雷動，大家樂得手舞足蹈。

蓮池法師總算鬆了一口氣，臉上綻開了笑容，雨點打在臉上的滋味竟然是那麼舒服。

過了幾天，連續下了多天大雨，持續好幾個月的旱象才算眞的解除了。

由於除虎禍和求雨兩件事，蓮池法師被梵村的村民視為救星、活菩薩，對他十分敬重。有人發起重新修建雲棲寺，竟然一呼百諾，有錢的出錢，有力出力，大家挑磚肩石，挖土闢地，一座巍峨莊嚴的建築慢慢出現在群山綠竹之中，這就是新建的雲棲禪寺。

蓮池法師因此被信徒們稱作「雲棲大師」。

由於雲棲大師聲名遠播，雲棲寺的信徒日眾，來此安單❷的僧人愈來愈多，此地儼然成爲頗具規模的弘法道場。

＊ ＊ ＊

梵村附近有一座橋，名叫朱橋，是該村居民出入的要津。不幸在一次洪水過後，朱橋塌毀了，居民出入要繞一個大圈子才能到對岸，十分不方便。當地太守鳩工修建，可是還沒有完工，橋墩又被水流沖走。原來這條河是錢塘江的支流，水流湍急，有時還會海水倒灌。

當大家束手無策的時候，又有人想到了雲棲寺的那位大師。

太守姓余，他爲了表示誠意，親自徒步上山去央求蓮池大師出面相助，爲百姓解決疾苦。

「大人，小民實在沒有造橋的能力。」蓮池大師恭敬地說。

「不必謙虛，本縣的人誰不知您神通廣大？」余太守說。

「那是巧合而已，大人如果需要建屋築舍，山僧或許可以效力，因爲我這裡屋舍尚在修建之中，每日親自參與其中，所以略懂一二。」

太守著急地說：「大師，您再不出面的話，老百姓得受許多苦。求求您，

慈悲爲懷，救救老百姓。」

蓮池大師眉頭深鎖，好一會兒才開口說：「好吧！我盡力去做就是了。」

他知道這是一件十分困難的事，所以不敢輕易答應。他每天到河邊觀察，研究水流和潮汐的問題，並請教經驗豐富的造橋專家和前輩，每日苦思對策。

「廣如，有勞你了，這次希望你能成爲一個造橋專家，來協助我完成這個重大的任務。」蓮池大師對大弟子說。

「師父，我不知道出家人要學的事情這麼多。」廣如說。

「只要是對大家有利的事情，都值得我們去做，我們不會做，就應該去學。」

「是的，師父，我會盡快去學習。」

經過一段時間的準備，朱橋重建工程終於動工了，蓮池大師率領多名寺僧和受聘建寺的工人一起去做。花費無數心血之後，一座嶄新的橋梁建好了，經過此橋的百姓莫不衷心感激。

❖註釋❖

❶迴向：以自己所修的善根功德，迴轉給他人。

❷安單：暫時借住在道場叫掛單，正式成為道場常住眾叫安單。

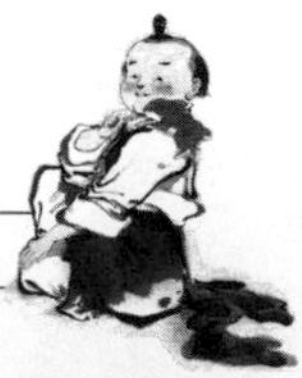

12 和瘟神作戰

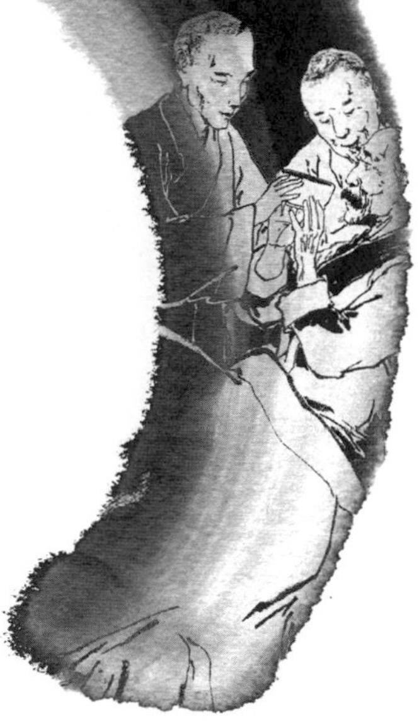

第二年，杭州附近發生瘟疫，人畜死傷很多。

余太守又想到蓮池法師，認爲只有他才能解蒼生之苦。他親自上山拜訪大師，大師一再推辭，經過一番唇槍舌戰的往來，大師終於又心軟了。他率領十名僧眾，跟隨著太守下山，到杭州城主持救災的工作。

「師父，瘟疫是會傳染的。」廣如說。

「我知道。」蓮池大師回答。

「聽說這次瘟疫來得猛，杭州的大夫都束手無策。」廣傳說。

「我知道。」蓮池大師回答。

「聽說杭州城裡很多大夫都躲起來了，以免被傳染。師父，我們是『明知山有虎，偏向虎山行』。」

「出家人要慈悲爲懷，置生死於度外。」蓮池大師回答。

在杭州靈芝寺中，太守搭蓋法壇，恭請蓮池大師登壇主持，舉行一場隆重的祈神禳疫的法會，希望上蒼體恤百姓，消除瘟疫蔓延。

112-44

台北市北投區公館路186號5樓

法鼓文化

讀者服務部　收

廣告回函
台灣北區郵政管理局登記證
北台字第11073號
免貼郵票

寄件人：　□先生　□小姐

地址：

市　區鎮

縣　市區

路街　段　巷　弄　號　樓　□□□

讀者服務卡

感恩您對法鼓文化產品的支持。為了提供更好的服務，請您回覆以下的問題並直接寄回法鼓文化。我們非常重視您的想法，因為您的建議將是我們進步的原動力！

＊是否為法鼓文化的心田會員？ □是 □否

＊□未曾 □曾經 填過法鼓文化讀者服務卡

＊是否定期收到《法鼓雜誌》？ □是 □否，但願意索閱 □暫不需要

＊生日：________ 年________ 月________ 日

＊電話：(家) ________________ (公) ________________

＊手機：____________________

＊E-mail：__________________________

＊學歷：□國中以下□高中 □專科 □大學 □研究所以上

＊服務單位：__________________________

＊職業別：□軍公教 □服務 □金融 □製造 □資訊 □傳播

□自由業 □漁牧 □學生 □家管 □其它 ________________

＊宗教信仰：□佛教 □天主教 □基督教 □民間信仰 □無 □其它______

＊我購買的書籍名稱是：______________________________________

＊我購買的地點：□書店_____ 縣/市_____ 書店 □網路_____ □其它_____

＊我獲得資訊是從： □人生雜誌 □法鼓雜誌 □書店 □親友□其它_____

＊我購買這本(套)書是因為：□內容 □作者 □書名 □封面設計□版面編排

□印刷優美 □價格合理 □親友介紹

□免費贈送 □其它____________________

＊我想提供建議：____

□我願意收到相關的產品資訊及優惠專案 (若無勾選，視為願意)

法鼓文化 TEL:02-2893-1600 FAX：02-2896-0731

蓮池大師率領雲棲寺的僧人，進行救護的工作，對罹病的病患集中治療，以免傳染。

他憶及父親曾遺留一些醫書和一些藥方，臨終前猶殷殷囑咐他說：「慧兒，好好保存研究這些東西，別小看這些東西，這些藥方都是前人智慧的累積，能救人命。」

如今果然派上用場了，他從一堆發黃、蟲蛀的紙片中找出治療瘟疫的藥方。

「金銀花四錢、連翹五錢、柴胡二錢、升麻三錢、白朮四錢……。」

他搜遍杭州城裡的中藥鋪，由徒眾煎藥煉膏，給病患服用。可是病患實在太多了，杭州的藥材收集起來，只不過能讓全城的病人服用三天，三天之後藥源就不夠了，怎麼辦？

他派人到附近城鎮的藥店大量購買，可惜貨源並不充裕。

他天天去巡視各病房，發現病人服藥之後，病情顯然控制住了，輕微者慢慢痊癒，嚴重者不再惡化，死亡人數不斷減少，父親留傳下來的家傳祕方還眞

有效，他衷心感激父親在天之靈。

蓮池大師對兩位徒弟說：「廣如、廣慧，這帖藥方既然有效，就多準備一些。」

「師父，這帖藥其中柴胡和連翹缺貨，附近城鎮都買不到，是不是……能免用這兩味？」廣如問。

「不行，少了這兩味，功效只能維持一半。」蓮池大師回答，他對醫藥也略有研究。

「那該怎麼辦？」

「只好上山去採藥，好在杭州附近山區多藥草，天無絕人之路，相信你們不致於空手而返。」

眾弟子面面相覷，大家都面有難色。

「可是，師父，我們對藥材並不熟。」廣慧困惑地問道。

「孔子說，吾不如老農，吾不如老圃。只要你們不恥下問，多多向鄉下老農夫請教，就會有所獲的。」

蓮池大師挑選五名徒弟去採藥材，其餘的依舊分配照顧病患。

第二天傍晚，五名採藥的弟子先後回到杭州來，個個疲憊不堪，看來收穫不少。

第一位打開沉重的麻布袋，倒出許多樹葉來。

蓮池大師滿臉疑惑地問：「這是什麼？」

「是連翹呀！我問過三個人，他們都很肯定地說那棵樹是連翹，絕對錯不了。」

蓮池大師抓起一把葉子來嗅一嗅，說：「這的確是連翹的葉子，可是藥材中的連翹是連翹樹的果實部分，而不是樹葉。」

「哇！今天白忙了一趟。」那個弟子說。

第二個弟子從簍子裡倒出一堆青草來。

蓮池大師拿起一棵來看，說：「沒錯，這就是柴胡。」

過了片刻他又說：「你的柴胡爲什麼沒有根？」

「因爲那片地上潮濕，拔起來後黏了許多泥土，不容易清洗，所以我把根

部都切除拋棄了。」

蓮池大師嘆口氣說：「唉！眞傻，柴胡能入藥的部位是根部，該拋棄的是葉子。」

「不經一事，不長一智」，弟子們採藥由完全不懂到逐漸熟悉，不久也漸漸成了採藥專家。

病情控制住了，死亡的人愈來愈少，災區不再蔓延。可是，這些出家人因爲日夜奔波，個個體力透支，有的人不堪勞累而病倒，有的人不小心被傳染，也成爲病人。這些從雲棲山下來援助的和尙們，在杭州市民的眼中，無疑是天降神兵。

後來病人終於都痊癒了，瘟神遠離，一場大災難過去了，雲棲寺的法師們爲杭州市民所敬佩，蓮池大師的事蹟更是被大家稱頌著。

13

紫袈裟的榮耀

早齋過後不久，寺前響起手搖銅鐘清脆的聲音，當家師高聲大喊：「出坡！出坡！」

出坡，就是請寺中僧眾參加勞動。

眾僧聞聲集合，聽候當家師分配工作，分配好後大家帶著工具各組分散開。

當家師又稱「上座」，是寺院中地位僅次於住持的人物，地位相當高。

今天分配到挑水工作的是蓮池大師和一位小沙彌，他們領取水桶和扁擔後，一起到寺院後方聖義泉汲水，然後挑到廚房去。

「大師，您知道爲什麼當家師只派我們兩個挑水嗎？」小沙彌問蓮池大師。

蓮池大師想了一下，說：「不知道。」

「古有明訓，三個和尚挑水沒得喝，他擔心會沒水喝呀！」小沙彌俏皮地說。

「我們雲棲寺不可能發生那種丟臉的事。」

過了片刻，小沙彌又問：「大師，您是本寺的住持，爲什麼和我們一樣要出坡？」

「你有沒有聽過『一日不作，一日不食』這句話？這是唐朝百丈禪師規定的，每個人都必須要工作，誰都不准偷懶。」

「那麼，您制定的〈雲棲共住規約〉呢？是不是不分大小都得遵守？」

「當然，不分地位高低，不分年齡大小，住在雲棲寺的人都得遵守。」

到了聖義泉，蓮池大師捲起衣袖來汲水。

「大師，我以前最大的志願就是長大後要當住持或當家師，現在不想當了，寧可一輩子當小沙彌。」

「爲什麼？」

「當大師一樣要工作呀！」小沙彌天眞地說。

「小沙彌，我建議你回家去當大少爺，就可以不用工作，出家人一定要能吃苦耐勞。」

蓮池大師挑起兩個水桶走了，留下小沙彌滿腦子疑問。

✽ ✽ ✽

一日，昔日文友陳如玉、楊國柱、李繡三人相偕上山，拜訪蓮池大師。當年雲棲寺草創初期，他們三人曾經大力支持。

走在上山的路上，兩旁翠竹掩映，涼風徐來，暑氣全消。再往前走，山蘭盛開，幽香盈谷，芬芳滿徑。

楊國柱說：「沈秀才變成雲棲大師，眞是令人想不到的事。」

陳如玉說：「當年他出家時，我猜他一定不到半年就會還俗，因爲他以前是金枝玉葉的公子嘛！一定吃不了苦，沒想到一眨眼三十年過去，我錯看他了。」

李繡說：「要拋棄世間的榮華富貴，眞不容易呀！」

迎面一位僧人走來，見到三位正要上山，合掌爲禮說：「阿彌陀佛。」

三位也回敬一句：「阿彌陀佛。」

楊國柱好奇地問：「師父，請問見面爲何要念佛號？」

「念佛號功德無量。佛書上說：低頭一拜，罪滅恆沙，念佛一句，滅八十億劫生死重罪。」

三個人心中震撼不已。

到了大雄寶殿，頂禮佛像，大殿中莊嚴神聖，令人有一種祥和的感覺。見到蓮池大師，寒暄過後，楊國柱首先開口：「大師，您寫的〈放生文〉和〈戒殺文〉，在社會上獲得很高的評價，人人讚說文筆可媲美唐宋八大家。這兩篇文章一定可以流傳萬世，您也可以名垂千古了。」

蓮池大師說：「我希望人們不要只重文筆，而必須注重內容，才不會枉費我一番苦心了。如果能夠流傳給後代子孫看，那是好事，希望多少能改變一下社會上的不良風氣，至於名垂千古，那就不重要了。」

陳如玉發問：「大師，我有個疑問，戒殺生那麼重要，孔子、孟子爲什麼不主張戒殺？」

蓮池大師說：「孔子何嘗不主張戒殺，可是上古時代茹毛飲血，進化到種食五穀，由於肉食習氣太深，一時不能全改。《論語》云：『釣而不綱，戈不射宿。』《禮記》云：『天子不合圍，諸侯不掩群……，不殺胎，不妖夭，不覆巢。』孔孟是世間聖人，只能順著世情，設下種種限制。佛陀是出世聖人，直談三世因果，主張戒殺，其本質都是以仁爲出發點。」

李繡問：「大師您以前一向提倡三教一家，爲什麼釋、儒做法不一樣呢？」

「釋、道、儒三家很多基本主張都是一致的，雖然說是一家，例如一個家庭中會有祖父、兒子、孫子，他們都是同一血統，可是長相、個性並不完全相同。」

楊國柱又問：「我們儒家子弟，應該如何學佛？」

「很簡單，多念佛可往生淨土。」

＊　＊　＊

蓮池大師所寫的〈放生文〉和〈戒殺文〉風行全國，當時皇帝明神宗的母

親慈聖皇太后，是一個篤信佛法的人，對那兩篇文章讚不絕口，對大師之名十分仰慕，於是派遣一名使者到雲棲寺，希望把大師迎到皇宮裡頭朝夕供養。

蓮池大師藉口身體不適，十分委婉地推卻掉。進了僧門，早就把榮華富貴拋棄了，更何況當年徧融大師曾告誡：勿進權貴之門。

使者回京覆命後，過了一段日子，又奉皇太后之命來到雲棲寺。

「糟糕！看來皇太后不死心，非將我逼進皇宮不可。」蓮池大師心裡想著，他擔心極了。

使者替皇太后捐了一大筆香油錢之外，還拿出一件紫袈裟❶來，在場觀看的僧眾都詫異萬分，紫袈裟是極尊貴的象徵。

使者說：「大師，皇太后仰慕您大名，特賜您紫袈裟一套。」

蓮池大師十分感動：「貧僧受領。」

使者又說：「皇太后還要奴才向大師問法。」

大師想了一下，去拿出紙和筆，寫了一偈：

陀
佛
南

尊榮豪貴者，由宿植善因。
因勝果必隆，今成大福聚。
深遠罪福相，果中更植因。
喻如錦上花，重重美無盡。
如是修福已，復應慎觀察。
修福不修慧，終非解脫因。
福慧二俱修，世出是第一。
眾生真慧性，皆以雜念昏。
修慧之要門，但一心念佛。
念極心清淨，心淨土亦淨。
蓮台最上品，於中而受生。
見佛悟無生，究竟成佛道。
三界無倫匹，是名大尊貴。

❖註釋❖

❶紫袈裟：袈裟是出家人的僧服。紫袈裟為唐宋以後，朝廷常敕賜有德高僧，以表崇敬。

14

官場生涯原是夢

一日，蓮池大師出現在故居，探望他出家前的妻子湯氏，和兩位弟弟及諸姪兒。

湯氏迎取寡母來這裡和她共住。

他問湯氏：「記得你曾經說過要出家修行。」

「可是……。」湯氏嘆口氣說：「俗事纏身呀！」

「這種事情一定得快刀斬亂麻，痛下決心，當機立斷。」

「母親年邁，乏人照顧。」

蓮池法師從褡褳袋❶裡掏出一張折得四四方方的宣紙，遞給了湯氏，說：

「這是我送給你的詩，希望你慢慢看，仔細想。」

君不見：
東家婦，健如虎，腹孕常將年月數，
昨宵猶自倚門閭，今朝命已歸黃土。
又不見：

西家子，猛如龍，黃昏飽飯睡正濃，
遊魂一去不復返，五更命已屬閻翁。
目前人，尚如此，遠地他方那可指，
閒將親友細推尋，年去月來多少死？
方信得，紫陽詩，語的言真不可欺，
昨日街頭猶走馬，今朝棺裡已眠屍。
伶俐人，休瞌睡，別人與我同一類，
狐兔相看不較多，見前放著傍州例。
鑽馬腹，入牛胎，地獄心酸實可哀，
若還要得人身復，東海撈鍼慢打挨。
我作歌，真苦切，眼中滴滴流鮮血，
一世交情數句言，從與不從君自決。

湯氏看罷，胸頭澎湃洶湧，一時熱淚泉湧。

她啜泣著說：「只要料理好家母晚年的生活，爾後一定跟隨夫君的腳步，脫離俗世紅塵。」

母親去世後，她果然毫不留戀地剃盡煩惱絲，也投向西山性天理法師門下，法名祩錦。

她原來居住的地方，附近有一處荒廢的房子，位在菜市橋西方，屋主已搬遷到外地，久無人居，破陋不堪。她早就非常中意這個地方，於是花錢買下，找人再重修，取名爲「孝義無礙庵」，做爲修行處所。

日後女性到此庵出家者日眾，此地成了著名的尼庵，而她被稱爲「太素師」。

祩錦法師於明神宗萬曆四十二年（西元一六一四年）圓寂，比蓮池大師早一年，世壽六十七歲。

＊　＊　＊

一天，一名滿臉風霜，老態龍鍾的老人，踽踽走上雲棲寺來，要求拜見住持師父。

蓮池大師出來後，端詳這位老人，似乎有點面熟，可是想不起在什麼地方見過面。

「賢弟呀！你不認識我了？我是三洲呀！」老人的聲音好沙啞，神情憔悴。

蓮池大師大感意外：「咦？是你呀！眞的認不出來了。」

自從上次金陵分手後，匆匆過了三十年，三十年來不曾再見堂哥一面，只有回到故鄉時，從兩個弟弟和姪兒口中聽到一些他的消息，知道他後來到北京城當官，親友和鄉人都以他爲榮。

「恭喜兄長，官運亨通，在北京城天子腳下做事，想必能大展鴻圖吧！」蓮池大師問。

「唉！」沈三洲長嘆一聲，說：「當年我到北京，是吏部陳尚書拉拔我去，他和我是同年進士，又是浙江同鄉，交情很好。他常爲我官場不得意而叫屈，極力推薦我到京城去，我也想趁此機會貢獻一己之力，報效國家，不想一輩子埋沒在偏遠鄉下當一名小吏，於是束裝前往北京。到了北京以後，我才了解官場黑暗，人心險惡，人人勾心鬥角，爾虞我詐，人性的醜陋在那兒暴露無遺。」

「紅塵滾滾，本來就是如此。」蓮池大師喟嘆說。

陳尚書爲人正直不阿，忠心耿耿，有一次他和其他兩位大臣上書皇上，痛陳時弊，沒想到因而惹惱了奸宦，找藉口將那幾位大臣逮捕下獄，或是流放邊疆。陳尚書被捕丟官，在他家中抄出一封舊日我寫給他的書信，竟被誣爲同黨，因而一起被捕。」

「奸宦弄權，朝政腐敗，國家的不幸呀！」蓮池大師說。

「當初你放棄科舉，大家笑你傻，後來你出家，我以爲你是因爲受到喪子、喪妻的刺激，沒想到現在我反而非常羨慕你當年的選擇，也佩服你當年的勇氣。」

「貧僧只是在這荒山野外偷渡餘生，虛擲光陰，沒有一點成就。」

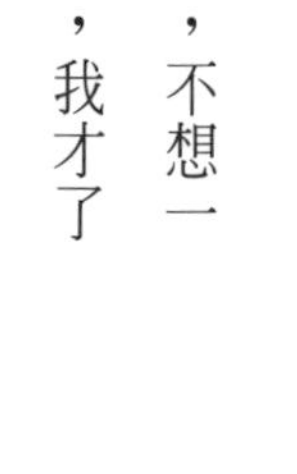

「我在獄中七年，每天悔恨交加，如果選擇你走的路，就不會受那麼多苦了。後來因爲奸宦失勢，我才被釋放出來，可是陳尚書已經於半年前病死獄中了，眞不值得呀！我出獄後，不久就找機會告老歸鄉了。回到家鄉，聽到你的大名遠近皆知，十分羨慕。好幾次想上山來看你，可是自慚形穢，好幾次走到山腳下，又走了回去。」

「三洲兄，如果你不嫌棄的話，在山上多留幾天，這裡空氣很好，很適宜老人居住。」

「恭敬不如從命。」

沈三洲稍長蓮池大師數歲，可是看起來好像老了二十歲，他白髮皤皤，身體痀僂彎曲，聲音有氣無力。蓮池大師雖然身體時有小恙，看起來卻精神矍鑠，講話聲如洪鐘。

蓮池大師又問：「兩位賢姪近況如何？」

「好在當年我堅決反對他們走上仕途，如今經商都略有成就。」

「那就好了，天下職業本無貴賤。」

佛

沈三洲在雲棲寺居住，每天觀蘭賞竹，與雲霧爲友，許久不曾享受這種與世無爭的日子了。

「擾擾紅塵皆虛幻，緣起緣滅盡是空」，他用一生的歲月，總算悟出這個道理，而他的堂弟早在三十年前就看破紅塵了。

看到一冊冊的蓮池大師的詩集、文稿，他眞是感觸良多，當年他們都同好此道，而他在官場打滾多年後，早已疏遠，堂弟竟然持續寫了數十年，他的才華和毅力都令人欽佩。

雖然蓮池大師多次慰留三洲在雲棲山上定居，但是三洲知道這裡非他久留之地，在山上住了一個月，享盡閒雲野鶴的悠閒生活，他向蓮池大師告辭了，回到紅塵中的家。

❖ 註釋 ❖

❶ 褡褳袋：出家人裝經本、念珠、剃刀等用具的背袋。

15

放生法會

蔚藍的天空白雲飄蕩，陽光和煦地照耀大地。

平日清淨莊嚴的雲棲寺，今天竟然熱鬧喧天，遊人如織，賣小鳥的、賣烏龜的、賣小魚的，各種小販穿梭其間。

「娘，我想買那隻烏龜，好不好？」

「這是什麼鳥？一隻多少錢？」

「這些魚通通買多少錢？算便宜一點好不好？」

嘈雜聲不絕於耳，遊客萬頭攢動。

今天是蓮池大師八十歲的誕辰，雲棲寺的僧眾們舉辦隆重盛大的放生法會，來爲他們的大家長祝壽。蓮池大師一生最提倡戒殺和放生，所以雲棲寺平日常做放生事宜，今天更爲了祝壽而擴大舉行，可謂盛況空前。

瘦骨嶙峋的蓮池老法師在大家期盼中，挺胸直背地登上法座，鐘鼓鑼鈸齊響，熱鬧喧天，一會兒引磬聲響，霎時喧譁之聲頓然而止。

老法師帶領僧眾唱誦，從〈楊枝淨水讚〉到〈大悲神咒〉，再將供奉在佛像前面的咒水，灑在那些小動物身上。

緊接著老法師開示眾生，並為放生的動物傳授三皈依。

「汝等眾生，我為你們皈依三寶——皈依佛、皈依法、皈依僧，從今爾後，你們都是佛門弟子，不再依附邪魔外道……。」

老法師在放生動物前緩緩巡視，以慈悲哀憐的眼光看著這些異類，祥和地說：「前方異類諸眾生，你們現在都已經皈依三寶，即為三寶弟子。往日罪業深重，願你們在三寶面前發露懺悔，淨除罪業，他日得生善處。現在，請你們隨我唱誦〈懺悔偈〉——往昔所造諸惡業，皆由無始貪瞋癡，從身語意之所生，一切我今皆懺悔。」

僧眾和信徒跟著大家唱和，場面肅穆莊嚴。動物們張著好奇的眼睛瞧來瞧去，牠們不知道自己是這場盛會的主角。

老法師又對動物們說：「你們不幸被人們網捕、撈捕，眼看將踏入死亡之門，是信徒大眾發慈悲心，為你們花錢贖身。希望三寶威德庇佑，放生之後不會再遭遇毒手，能優遊自在安享天年，命終之後能往生淨土，不再淪落畜生道。」

老法師又爲牠們講說十二因緣❶。

此時莊嚴法會已近尾聲，他帶領僧眾一同高聲唱誦〈迴向偈〉後，在大家注目之下，老法師一聲令下，群鳥撲撲飛上天空去，一時遮天蔽日，蔚爲奇觀。群眾拍手鼓掌，歡聲雷動。

本來晴朗無雲的天空，不知何時飄來群雲集結。雲棲山本名五雲山，意即山上常出現五色群雲，在此殊勝法會後，更令人讚歎。

魚、介、貝類等水生動物被拿到放生池放生。在雲棲寺前方有個萬工池，多年前大師就將它改爲放生池，並且爲文記之。

＊ ＊ ＊

萬曆四十三年（西元一六一五年），蓮池大師八十一高齡。

有一天，他徒步到杭州城，拜訪許多老友和信徒，一一向他們辭別。

「我這次要出遠門，再相見遙遙無期。」

他對每個辭別的人都是如此說。

「大師，您的年紀這麼大了，何必再出遠門呢？」別人好奇地問。

「不礙事的。」他回答。

「您究竟要到什麼地方去？」

「隨緣。」

他總是講些令人摸不著頭緒的話。

回到寺裡，他也一一向寺中徒眾垂詢關懷，後來大家終於了解他將遠行的意思了。

他拿紙和筆，寫下〈三可惜〉和〈十可嘆〉的警眾文，這是他最後的遺墨，也是對弟子們的最後叮嚀。

眾弟子求他最後開示，他說：「大家要老實念佛，不要破壞我訂的規矩。」

在一片念佛聲中，大師面朝西方，安詳地圓寂了。

❖註釋❖

❶十二因緣：說明眾生輪迴六道之次第因緣，即無明、行、識、名色、六處、觸、受、愛、取、有、生、老死。

佛學視窗

- 時代背景
- 蓮池大師的影響和貢獻
- 淨土宗
- 戒殺、放生、護生
- 蓮池大師年表

時代背景

蓮池大師（西元一五三五～一六一四年），法名袾宏，字佛慧，蓮池是他的別號。大師三十二歲出家，遊五台山，感「文殊放光」；三十七歲入杭州雲棲山，世稱雲棲和尚。在修行法門上，主張淨土法門；在禪修上也頗有經驗，闡揚禪淨雙修，後世推爲淨土宗第八祖；在教理上的研究亦頗有成就，華嚴宗尊爲第二十二祖。大師出生於明末世宗嘉靖年間，正處於佛教的黑暗時代，他在教理、修證、著述上的努力，對佛教復興的貢獻極巨。

明末政治、社會、經濟

明太祖朱元璋爲平民出生，曾於皇覺寺出家，其後卻建立了明王朝，長達二百九十四年之久。明朝在位的十九位皇帝中，夠資格稱得上是英主的，除了明太祖（西元一三六八～一三九八年在位）外，只有成祖（西元一四〇二～一四二四年在位）及孝宗（西元一四八八～一五〇五年在位），爲國家帶來短

時間的清平之世。

到了明末，武宗（西元一五〇五～一五二一年在位）寵信宦官劉瑾，接著世宗（西元一五二一～一五六七年在位）時，由於溺縱宦官嚴嵩，在位四十五年中有二十餘年不過問朝政，任由嚴嵩擅權恣意，爲所欲爲。而神宗（西元一五七三～一六二〇年在位）也是二十幾年不過問國事。再傳位至熹宗（西元一六二〇～一六二七年在位）年間，又因爲皇上寵信魏忠賢與客氏，政治腐敗到極點。明末幾位君主的昏庸無能，所用的政府官吏，可以用文官無能及武將無節來形容。

內政方面，八股文的科舉制度，使得政府所錄用的官吏，盡是些學問庸俗、才能缺乏的人，是內政不綱的主要原因。而在外交上，成祖永樂年間，安南與朝鮮均曾向明稱臣，成祖還親征漠北，更派遣鄭和下南洋前後七次。到了武宗以後，邊地開始不安，南有倭寇侵擾不絕，北有韃靼屢向內地騷擾，神宗萬曆十二年（西元一五八四年），北方的滿州族更竄生爲女眞部，造成極大的威脅。

由於政治的不安定，明末的經濟自然也是不景氣，物價飛漲，一斗米竟幾乎要花上一千錢，人民的生活苦不堪言。而由於疾病、饑荒、兵亂等原因，戰死、病死的人數更是日以千計。明末的天災人禍、內憂外患，終於迫使明朝一步步走上絕滅之路。

明朝佛教的特色

明朝時代的思想主流，原是繼承宋朝程頤、朱熹的理學，繼而轉向陸九淵的心學，到了王守仁更將心學大放光芒，明末便以心學爲學術主流。但是由於心學專談心性，容易流於空疏，因此對於國勢危急的明末並無顯著的作用，於是講究經世的儒學再度抬頭，並且刺激了佛教界。

佛教自東漢傳入中國，到了隋唐時代，由於皇室的護持佛法，佛教日益興盛。然自從宋朝南遷之後，漸漸地沒落，再經過元朝蒙族的統治，佛教可說是更趨衰微。明朝的佛教，可約略畫分爲明初及明末兩個階段。從明太祖洪武帝直到成祖永樂帝，明初約六十年期間，政府對佛教採取嚴格的法律制度，取締

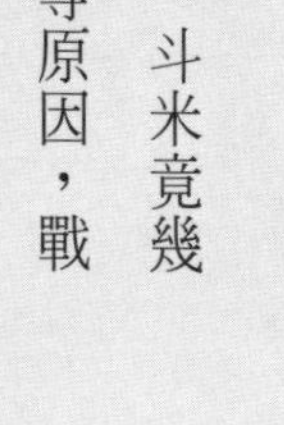

不合佛制的僧寺，管理條例的嚴格，歷史上少見。然而宣宗（西元一四二六～一四三五年在位）到穆宗（西元一五六七～一五七二年在位）的百餘年間，佛教極其沒落，可說是明朝佛教的黑暗時代。尤其是世宗時，因邵元節煽惑，發生排斥佛教事件，佛教文物遭受頗嚴重的破壞，精神受到極大的損失。

到了明朝末年神宗萬曆年間，政治不安定，國力薄弱，佛教卻漸振興，名師輩出。蓮池大師、憨山大師、紫柏大師、蕅益大師，合稱「明末四大師」，都是禪教兼通、棲心淨土，不拘一格的佛學大師，突破了歷來宗派與法脈的傳承，從而打開諸宗大融會的局面。

隨著政治、社會、文化的演變，明朝的佛教也發展出有別於其他朝代的特色。一是隨著印刷技術的進步，經典的出版數量增加。明太祖與成祖相繼出版官版的《大藏經》，稱爲南藏版與北藏版。其他許多經典的註釋，亦在明朝完成。二是僧侶的分類，明朝的僧侶由朝政所統制，在洪武十五年，詔命將寺院畫分爲禪、講、教三等。禪僧爲第一等，因這個時代的佛教以禪宗爲中心，能當上僧官的僧侶也幾乎全是禪僧；講僧指經義的理解與講演，屬第二位；教僧則專門從事祈福、延命、葬儀、追薦供養法會的僧侶，又稱爲瑜伽教僧。這三類出家人所穿的袈裟顏色也有區別，禪僧是黃色，講僧是紅色，教僧則是蔥白色。明朝佛教的第三個特色是儒、釋、道思想的融合，這是明代中葉以後的發展趨勢，尤其是明末四大師相繼倡導，而成爲佛教一種新穎學術。

然而明朝佛教在轉變上也產生了兩大弊端，一是度牒制度，由給牒轉爲賣牒制度。度牒是國家對依法得到公度爲僧尼的出家人所發給的證明文件。明初對合格的僧尼，一律發給度牒，但後來爲救濟饑荒，政府開始出售度牒，因而產生賣牒的流弊；甚至到了嘉靖年間，給牒成了非賣不給的賣牒制度。如此，一方面若不出錢便無法成爲僧尼，另方面有人爲了逃避勞役而以高價買牒成爲僧尼，結果是大大地降低了僧眾的素質。

明朝佛教的另一個弊端，是由融入於社會風俗而逐漸形成的。前面提到，明朝的僧侶分爲禪、講、教三類。其中將以執行喪儀、追薦供養等法會的僧侶，歸爲瑜伽教僧，是受了傳統佛教、民間信仰，以及瑜伽密教的影響而形成的。這些流俗的瑜伽僧出現了蓄有妻子的情況，成爲棘手的問題。

蓮池大師的影響和貢獻

蓮池大師不但具有儒家、道家的學問基礎，又是佛門的大通家，戒律、教理、禪修樣樣精通，可說是博通三藏教典並兼通儒道之學的大修行者。由於他的中心思想，是在融合禪淨與儒釋合一，因此他以禪的觀念和方法來弘揚淨土，使禪者歸向淨土，也使修行淨土者得到禪修的實益，這對當時的佛教界影響非常大。

大師主張持名念佛，認爲只要念「阿彌陀佛」名號，便是多善根、多福德，更是定中之定；若能念到一心不亂，命終時便可往生西方淨土。除了重視持名念佛，大師還非常重視布施、持戒、度眾等造福的善業。同時，他積極地提倡戒殺、放生運動，可說是今日生命關懷、動物保護等運動者的前輩。他寫的〈戒殺文〉及〈放生文〉，文辭優美，寓意深遠，被公認爲不朽的作品，也因此帶動了組織放生會、設置放生池，撰寫有關放生論文的風氣。

綜觀大師一生，生活簡單嚴謹，勵行苦修，是一個著重實際修行的人。他模仿唐朝懷海禪師的《百丈清規》，訂立了更爲嚴格的〈雲棲共住規約〉，凡是生活中大大小小的事情，都有詳細的規定，並且嚴格執行，因此建立起良好的僧團制度，對當時佛教的流弊，亦產生極深遠的影響。

淨土宗

淨土宗古稱蓮社、蓮宗，又因以稱念佛號爲修行的方法，被稱爲念佛宗。這個宗派是源於東晉慧遠大師在廬山結白蓮社（簡稱蓮社），推展念佛風氣，希望藉阿彌陀佛的願力，求生到西方極樂世界。修行的方法雖然簡單，卻有很深的理論基礎，可說是任何人都可以修學的宗派。只是程度深淺不同的人，對修學淨土法門的態度也會有所不同。

淨土的意義

一說到淨土，會直接想到阿彌陀佛的西方極樂淨土，事實上，淨土有更深

廣的意義。所謂淨土，是指清淨的國土，從經論中可約略分為佛國淨土、天國淨土、自心淨土，及人間淨土四類。

我們常談的阿彌陀佛的西方極樂淨土，以及東方琉璃光佛淨土，即為「佛國淨土」，是佛菩薩以願力提供理想的環境所成立的國土，來接引有願前往的眾生。求生到佛國淨土，並不是為了享樂，而是希望能處於一個可以聞法修行的環境，提昇自己；當達到某一較高的程度後，再回到塵世中，幫助其他的眾生修行。

至於「天國淨土」，最常被提到的是，彌勒菩薩所在的兜率天內院。中國的佛教大師，遠從東晉道安大師，近至民國的太虛大師、慈航法師，都是發願往生兜率內院的天國淨土，好能親聞彌勒說法、繼續修行佛法。等到彌勒下生人間成佛時，兜率內院的眾生都會追隨彌勒降生人間，成為佛弟子，共同修行，淨化人間。

而「自心淨土」，是說在每一個人的心中，不論是凡夫、聖人，原本就具有佛性，也從來沒有離開過佛國淨土。換句話說，我們的心若清淨，所看到的世界就是淨土；心若不清淨，就等於生活在無邊的苦海。

如果能夠透過修行，體驗身心的清淨，將現實的生活環境視爲淨土，我們便是處在「人間淨土」上了。也就是說，能持戒，就不造惡業；能修禪定，心定自然平安，雖身處五濁惡世，也不會使我們感到煩惱，能將此混亂的世界，看成人間淨土。

淨土宗的傳承

淨土宗祖師的傳承，是後世推派所產生的，前後祖師之間，並沒有師徒承襲的關係。這是因爲淨土法門的提倡者和修證者，並不重視師承，也無須印證，而是以對弘揚淨土法門有極大貢獻爲標準。如此，中國淨土宗是從宋朝開始推立祖師，且出現了不同的說法，現介紹一般公認的淨土十三祖。

根據《佛祖統紀》第二十六卷，所列的蓮社七祖爲東晉廬山慧遠，唐朝善導、承遠、法照、少康，及宋朝延壽、省常等七位。到了明清以後，又陸續加推明末蓮池大師爲八祖、蕅益大師爲九祖，清朝行策、實賢、際醒等法師，分

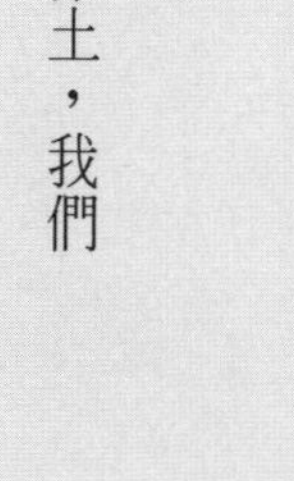

別爲十祖、十一祖及十二祖。到了民國初年，印光大師爲其門下推爲淨土宗十三祖。後六祖是後人對各時代，於淨土宗有特殊貢獻的大師。

淨土三經一論

淨土宗主要依據的經典爲三經一論。所謂三經，指《阿彌陀經》、《無量壽經》，及《觀無量壽經》；一論則是《往生論》（或稱《淨土論》）。

至於三經的內容，《阿彌陀經》描述阿彌陀佛西方極樂世界的情景，說明發願往生的意義及法門，並讚歎阿彌陀佛不可思議的功德，此經經文較短，誦讀容易，被列爲修淨土宗者定課必誦的經典。《無量壽經》，主要敍述阿彌陀佛在修行時，所發的四十八大願，以致成佛後莊嚴國土，攝受十方念佛眾生，並說明往生西方的條件。《觀無量壽經》略稱《觀經》，詳載欲生西方極樂世界的眾生，所修的十六種觀阿彌陀佛身相，及西方淨土的觀法。《往生論》原名《無量壽經優婆提舍願生偈》，或稱《無量壽經論》、《淨土論》，爲印度天親所著，說明可以五念門修行的成就得生極樂世界，見到阿彌陀佛。

念佛法門

淨土宗是以稱念「南無阿彌陀佛」的名號爲主要的修行方法，以念佛爲內因，阿彌陀佛的願力爲外緣，內外相應、因緣相合，祈願能往生於西方極樂世界淨土。「南無阿彌陀佛」是印度梵語，「南無」是禮敬的意思，「阿彌陀」的意思是無量光、無量壽，而「佛」是覺悟的人。所以，這六字佛號的意思爲：以虔誠的心去禮敬無量光、無量壽的覺者。

因此，修行淨土的人，主要是以念佛爲法門，而念佛法門又可分爲持名念佛、實相念佛、觀像念佛，及觀想念佛四種。蓮池大師主張持名與實相念佛，以稱名念佛直貫實相念佛，而不許觀像及觀想色相。大師就稱持念佛，分爲事持及理持兩層涵義。事持要憶念無間，如子憶母，決心求生西方極樂世界；理持則須體究無間，相信西方彌陀乃我心具、是我心造，與禪宗修行者參話頭相似。大師以攝心爲學佛的要道，念佛爲攝心的捷徑，並開「念佛門」、「止觀門」、「參禪門」爲方便門，指出「念佛一門止觀雙備」，從教理上來闡明禪淨一致。

戒殺、放生、護生

蓮池大師對後世影響最大的，除了淨土法門的弘揚，便是在戒殺、放生的推廣。

佛教之所以主張戒殺、放生，甚而護生，主要是基於眾生平等的慈悲精神，以及輪迴生死的因果觀念。戒殺雖以人爲主，但推及一切眾生，是有助於慈悲心的長養。眾生雖呈現各種不同的類別，如人類、動物、昆蟲等，看似有高低的不同，但就生命而言，是沒有貴賤、尊卑的分別。一切眾生都有生存的權力和自由，我們自己很怕受傷害、很怕死亡，其他的生命也是同樣的，所以對任何眾生都應該以愛護的心態來對待。

當然，戒殺還包含了輪迴生死的因果觀，所謂「吃牠半斤，還牠八兩」，如果能戒殺、放生又護生，自然功德倍增。在《梵網菩薩戒經》中提到，所有的眾生都是我的父母，不一定是這一生，可能是過去生中的父母。所以，當殺眾生、食眾生肉時，就等於是殺我們的父母。

放生、護生是由於戒殺衍生而來的，戒殺僅是消極的止惡，放生、護生才是積極的行善。若能持慈悲心放生、護生，不但能滅除自己過去世的罪業，更種下善因，可說是一件利人利己的善事。隋朝的智者大師首先開築放生池，而明末蓮池大師則是歷代提倡戒殺、放生最爲積極的高僧，他不僅寫下許多相關的文章流傳後世，更舉行多次放生法會，以具體的行動來實踐。

身處於現代的我們，不只是要遵循大師的訓示，多行戒殺、放生，更應該在方法上有所調整，融合現代自然生態保育的觀念，對於動物棲息地的保護工作、觀念的宣導與教化，及協助或督促政府機關制定並執行護生法令等，均是目前護生工作的當務之急。

蓮池大師年表

中國紀元	西元	年齡	蓮池大師記事	相關大事
明世宗嘉靖十四年	1535	1	在浙江省仁和縣（杭州附近）出生。	
嘉靖二十九年	1550	16	勤讀四書五經，書「生死大事」於案上以自我警惕。	韃靼首領俺答侵犯京師，史稱「庚戌之變」。
嘉靖三十年	1551	17	通過縣學考試，得中秀才。	
嘉靖三十二年	1553	19		倭寇大舉侵犯浙江。
嘉靖三十三年	1554	20	娶碩人爲妻，婚姻美滿。	
嘉靖三十七年	1558	24	生子名爲祖植。	

嘉靖四十年	1561	27	父喪。	
嘉靖四十二年	1563	29	兒祖植夭折，妻碩人悲傷過度，相繼染病身亡。	
嘉靖四十三年	1564	30	奉母命再娶湯氏。	倭寇平定。
嘉靖四十四年	1565	31	母喪。除夕夜見茶杯墮地破碎而有所悟，向湯氏表明出家意願。	
嘉靖四十五年	1566	32	投西山性天理法師處出家，不久後在昭慶寺無塵玉律師處受具足大戒。同年，遊歷五台山，親見「文殊放光」，深受感動。	
明穆宗 隆慶元年	1567	33	拜謁徧融、笑巖兩位大師，師警示不入權貴之門。	
隆慶五年	1571	37	南歸入住杭州雲棲山。	

明神宗萬曆九年	1581	47		利瑪竇來華。
萬曆十六年	1588	54	杭州發生瘟疫，每天有千人以上因而致死。當地太守禮請蓮池大師駕臨靈芝寺設法壇，舉行祈神禳疫法會，僧團並進行救護治療工作，結束瘟疫的災難。	
萬曆二十八年	1600	66	慈聖皇太后派使者請法，並賜紫袈裟以示崇敬。	
萬曆三十九年	1611	77		東林黨爭起。
萬曆四十二年	1614	80	於誕辰日增設放生池。	
萬曆四十三年	1615	81	六月預告眾人自己即將往生，七月四日在長壽庵，面向西念佛端坐而圓寂。	

國家圖書館出版品預行編目資料

慈悲護眾生：蓮池大師 / 陳啟淦著；劉建志繪. -- 二版. -- 臺北市：法鼓文化，2009.06
面； 公分

ISBN 978-957-598-468-7(平裝)

224.515 98006835

高僧小說系列精選 4

慈悲護眾生——蓮池大師

著者／陳啟淦
繪者／劉建志
出版者／法鼓文化事業股份有限公司
編輯總監／釋果賢
主編／陳重光
編輯／李金瑛、李書儀
佛學視窗／朱秀容
封面設計／兩隻老虎廣告設計有限公司
內頁美編／小工
地址／台北市北投區公館路186號5樓
電話／(02)2893-4646 傳真／(02)2896-0731
網址／http://www.ddc.com.tw
E-mail／market@ddc.com.tw
讀者服務專線／(02)2896-1600
初版一刷／1995年8月
二版一刷／2009年6月
建議售價／新台幣180元
郵撥帳號／50013371
戶名／財團法人法鼓山文教基金會—法鼓文化
北美經銷處／紐約東初禪寺
Chan Meditation Center (New York, U.S.A.)
Tel／(718)592-6593 Fax／(718)592-0717

法鼓文化